百家文库

数字图书馆动态知识管理研究

ShuZi TuShuGuan DongTai ZhiShi GuanLi YanJiu

周义刚　著

图书在版编目（CIP）数据

数字图书馆动态知识管理研究/周义刚著．—北京：
中国书籍出版社，2018.11
ISBN 978－7－5068－7067－2

Ⅰ.①数…　Ⅱ.①周…　Ⅲ.①数字图书馆—知识管理
—研究　Ⅳ.①G251

中国版本图书馆 CIP 数据核字（2018）第 249138 号

数字图书馆动态知识管理研究

周义刚　著

责任编辑　张　文
责任印制　孙马飞　马　芝
封面设计　中联华文
出版发行　中国书籍出版社
地　　址　北京市丰台区三路居路 97 号（邮编：100073）
电　　话　（010）52257143（总编室）　（010）52257140（发行部）
电子邮箱　eo@ chinabp. com. cn
经　　销　全国新华书店
印　　刷　三河市华东印刷有限公司
开　　本　710 毫米×1000 毫米　1/16
字　　数　154 千字
印　　张　13. 5
版　　次　2019 年 1 月第 1 版　2019 年 1 月第 1 次印刷
书　　号　ISBN 978－7－5068－7067－2
定　　价　68. 00 元

前　言

随着语义网和本体技术的不断发展，本体在各个领域得到了广泛的应用。领域本体以特定领域的知识资源为背景，通过某领域的形式本体可将该领域的知识组织起来，构成基于本体的知识组织体系。同时作为一种在语义和知识层次上描述信息系统概念模型的建模工具，本体能够准确地描述概念含义及概念之间的内在关联，并通过逻辑推理获取概念之间蕴涵的关系，具有很强的表达概念语义和推理的能力。本体作为一种新的知识组织工具，能有效解决知识检索中的查全率和查准率问题及知识的共享和复用等问题，但是目前基于本体的知识组织仅仅局限于静态知识和绝对知识，对于知识的真实性、权威性这些问题也还没有明确的解决方案。

语义网的各个领域中普遍存在着动态知识，笔者在多个课题项目研究中也经常遇到这个问题，而语义网中现有的方案都不能很好地解决动态知识的组织问题。因此，笔者所在的课题组提出了一个新的动态知识组织工具：本体分子。本体分子的提出是语义网发展的内在要求，也是实际项目应用的客观需要。

本书首先阐述了本体分子的理论内涵，探讨了本体分子中所包含的抽象语义概念及概念间的关联，并总结了本体分子在解决动态知识组织问题时的优势。针对本体分子的理论内涵，本书进一步探讨了基于本体分子的动态知识组织模型，并重点分析了动态知识层所包含的知识内容，阐述了动态知识组织的过程。之后，笔者致力于将该模型应用于实际的项目中来解决动态知识提供的问题。为此，笔者设计了基于本体分子的动态知识检索模型，并在动态知识检索实现过程中重点介绍了关键技术支撑，包括本体分子建库工具软件的设计和开发、可视化工具的选择、Lucene 工具包的使用等等。最后，笔者将本体分子的动态知识组织模型应用到电子政务领域的动态知识检索系统中，实现了元数据、本体、本体分子这三种知识组织工具的完美结合，该系统从而也实现了基于元数据的全文检索、基于本体的档案关系检索以及基于本体分子的动态知识检索三方面功能。理论结合实践的研究拓展了动态知识组织理论体系，并能够为动态知识检索系统的实施提供实际经验。

本书的创新之处在于：

（1）提出了基于本体分子的动态知识组织模型。该模型由四层组成，即知识源层、元数据层、静态知识层以及动态知识层，且各层之间存在有机联系。

（2）提出了基于本体分子的动态知识检索模型。该模型共分成5个部分：知识的获取、本体分子库的构建、用户查询和结果反馈、Lucene检索引擎、知识的可视化。模型的提出为将本体分子动态知识组织模型应用于实际的动态知识检索项目中奠定了基础，解决了为用户提供动态知识的问题。

（3）拓展了本体分子的理论内涵。对本体分子理论中所独有的抽象语义概念，如：维度、维度容器、本体分子的核、本体分子的外围、本体分子和本体分子图等进行了明确的定义，界定了本体分子理论的抽象概念间的相互关联。

本书研究的难点在于如何根据特定领域的需求，将基于本体分子的动态知识组织模型应用于实际的项目中。

本书是多个项目课题的研究成果之一：

（1）国家自然科学基金项目“基于数字图书馆的本体演化与知识管理研究”（项目批准号：70773087）。

（2）国家档案局科技项目“知识管理方法技术在数字档案馆建设中的应用研究”（项目批准号：2006-x-29）。

目　录
CONTENTS

0　**引言** …… 1

0.1　选题的背景和意义 …… 1

0.1.1　研究的缘起 …… 1

0.1.2　研究的意义 …… 8

0.2　国内外相关研究现状 …… 9

0.2.1　国内外基于木体的知识组织研究 …… 10

0.2.2　国内外动态知识组织的研究 …… 22

0.2.3　已有研究存在的问题和可借鉴之处 …… 28

0.3　本书的研究内容 …… 30

0.4　本书的创新点 …… 32

0.5　本书基本结构 …… 33

1　**动态知识组织相关研究** …… 36

1.1　拟解决的关键问题 …… 36

1.2 语义网中的动态知识组织问题…………………………… 37
1.2.1 问题描述…………………………………………… 37
1.2.2 本体在解决动态知识组织问题时的不足………… 39
1.3 语义网中现有的解决方案及其不足…………………… 54
1.3.1 N - ary 关系设计模式 …………………………… 54
1.3.2 动态本体表示语言(Dynamic Ontology Language—DOWL) … 56
1.4 本体分子理论的提出…………………………………… 58
1.4.1 本体分子与其他解决方案的不同………………… 59
1.4.2 语义网中的相对知识问题………………………… 60
1.4.3 多粒度知识问题…………………………………… 62
1.5 本章小结………………………………………………… 64

2 本体分子理论………………………………………………… 65
2.1 拟解决的关键问题……………………………………… 65
2.2 本体分子理论的定义和特征…………………………… 66
2.2.1 本体分子理论的定义……………………………… 66
2.2.2 本体分子理论的特征……………………………… 67
2.2.3 本体分子与本体的关系…………………………… 68
2.3 本体分子理论的形式化描述…………………………… 69
2.4 本体分子的结构………………………………………… 72
2.5 本体分子中基本的抽象概念…………………………… 74
2.6 本体分子在解决动态知识组织时的优势……………… 77
2.7 本章小结………………………………………………… 78

3　基于本体分子的动态知识组织模型构建研究 …… 79
3.1　拟解决的关键问题 …… 79
3.2　基于本体分子的动态知识组织模型构建 …… 80
3.2.1　整体设计思路 …… 80
3.2.2　本体分子动态知识组织模型 …… 82
3.3　基于本体分子的动态知识组织过程 …… 86
3.4　本体分子中的动态知识描述 …… 88
3.4.1　本体分子的 OWL 类 …… 89
3.4.2　本体分子的 OWL 属性 …… 91
3.4.3　本体分子中抽象概念的具体描述 …… 92
3.5　本体分子中的动态知识存储 …… 94
3.5.1　基于 Oracle 的存储方式 …… 96
3.5.2　基于 AllegroGraph 的存储方式 …… 100
3.6　本章小结 …… 103

4　基于本体分子模型的动态知识检索 …… 104
4.1　拟解决的关键问题 …… 104
4.2　动态知识检索模型 …… 105
4.3　知识的获取 …… 107
4.4　本体分子库构建 …… 108
4.4.1　本体分子库结构 …… 108
4.4.2　本体分子建库工具软件——OMProtégéPlugin …… 109

4.4.3 本体分子库构建过程 …… 126
4.5 用户查询和结果反馈 …… 133
4.6 Lucene 检索引擎 …… 134
4.6.1 Lucene 简介 …… 134
4.6.2 Lucene 的应用、特点及优势 …… 134
4.6.3 Lucene 的软件包 …… 135
4.6.4 建立 Lucene 索引 …… 136
4.6.5 Lucene 检索引擎在动态知识检索中的应用 …… 139
4.7 基于本体分子的知识可视化 …… 139
4.7.1 本体分子可视化的可行性 …… 140
4.7.2 本体分子可视化工具的选择 …… 140
4.8 本章小结 …… 146

5 基于本体分子的动态知识组织模型的应用案例 …… 147
5.1 拟解决的关键问题 …… 147
5.2 应用案例项目简介 …… 148
5.3 基于本体分子模型的电子政务领域动态知识检索 …… 149
5.4 电子政务领域动态知识检索系统的实现 …… 153
5.4.1 电子政务领域动态知识抽取 …… 153
5.4.2 电子政务领域本体分子库的构建 …… 155
5.4.3 建立 Lucene 索引 …… 163
5.4.4 检索结果的可视化 …… 164
5.5 电子政务领域动态知识检索系统功能 …… 168

5.5.1　元数据、本体、本体分子三种知识组织工具的结合 …… 168
5.5.2　基于元数据的全文检索 …… 170
5.5.3　基于本体的档案关系检索 …… 171
5.5.4　基于本体分子的动态演化检索 …… 173
5.6　本章小结 …… 177

6　**总结与展望** …… 178
6.1　工作总结 …… 178
6.2　未来的工作 …… 181

参考文献 …… 182

后　记 …… 199

0　引言

0.1　选题的背景和意义

0.1.1　研究的缘起

在人类文明发展的过程中，“知识”一直是重要的推动力。正是由于知识是社会发展的重要资源，因而人类收集、存储和利用知识的能力就被视为人类生存和发展的关键因素。而知识组织是知识资源有效利用的前提。但是怎样有效地组织知识，如何有效地获取与提供知识，知识组织面临诸多挑战。

当前由于知识信息量堆积式的递增，使得核心知识、外围知识和虚假知识鱼目混珠，致使知识存贮无序化，给人们利用知识带来了巨大的困难。而传统的知识组织工具（体系），如分类法、叙词表等，都是规范的科学语言且结构相对稳定，已经不能够满足当下大量异构信息的检索需求，这就需要在知识组织领域研究更新型的，具有普遍适用性，可重复利用的知识组织工具，本体就是在这样的情况下应运而生的。随着语义网和本体技术研究的不断升温，本体在各个领域得到了广泛的应用。领域本体以特定领域的知识资源为背景，通过某领域的形式本体可将该领域的知识组织起来，构成基于本体的知识组织体系。同时作为一种在语义和知识层次上描述信息系统概念模型的建模工具，本体能够准确地描述概念含义及概念之间的内在关联，并通过逻辑推理获取概念之间蕴涵的关系，具有很强的表达概念语义和推理的能力。本体作为一种新的知识组织工具，能有效解决知识检索中的查全率和查准率问题及知识的共享和复用等问题，甚至近几年，出现了很多关于对传统知识组织工具进行本体化改造的研究，足见本体在知识组织与知识处理中具有特别的学术意义和广泛的应用价值。但是目前基于本体的知识组织仅仅局限于静态知识和绝对知识，对于知识的真实性、权威性这些问题也还没有明确的解决方案，原因之一，本体是以描述逻辑为基础的“开放世界假设”；原因之二，通过本体描述的知识粒度太细，这使得粗粒度知识组织产生了困难。①

目前，语义网（Semantic Web②）环境下，本体研究有两大发展趋势：轻量级本体和重量级本体。所谓轻量级本体和重量级本体是根据本体的语义丰富程度及推理能力强弱来划分的。其中，轻量级本体主要是

① 董慧，姜赢，高巾等．基于数字图书馆的本体演化和知识管理研究 I ——本体分子理论［J］．情报学报，2009（3）：323－330.

② W3C Semantic Web Activity［OL］．［2009－07－19］．http：//www. w3. org/2001/sw/.

指基于 RDF① 等简单知识描述框架的知识库。以 W3C 联盟②的语义网部署工作组③（Semantic Web Deployment Working Group）为首，提出语义网的实现需要建立在海量知识库以及轻量级本体基础之上。

重量级本体对概念的含义有严格的要求，概念之间有精确的语义关系。以 W3C 联盟的 OWL 工作组④（OWL Working Group）和规则互操作格式工作组⑤（Rules Interchange Format Working Group）为首，另外 W3C 联盟的语义网兴趣工作组⑥（Semantic Web Interest Group）也有相关研究。该研究认为由于语义网是跨各个领域的应用集成，所以必须提供较高级和复杂的语义知识描述框架，用以满足各个领域知识的知识描述、知识组织和知识推理等需求。在 2004 年 OWL⑦ 成为 W3C 推荐的标准之后，2007 年成立了 OWL 工作组，根据这几年领域知识描述及其应用的需求变化，继续修订和扩展 OWL 本体描述语言，针对 OWL 在推理方面太过复杂以及某些表达能力的不足，已经制定了 OWL2 版本。OWL2 已于2009 年 6 月 11 日成为 W3C 的候选标准，OWL2 有三个方

---

① Resource Description Framework (RDF) [OL]. [2009 - 07 - 19]. http://www.w3.org/RDF/.

② World Wide Web Consortium (W3C) [OL]. [2009 - 07 - 19]. http://www.w3.org/.

③ Semantic Web Deployment Working Group [OL]. [2009 - 07 - 19]. http://www.w3.org/2006/07/SWD/.

④ OWL Working Group [OL]. [2009 - 07 - 19]. http://www.w3.org/2007/OWL/wiki/OWL_Working_Group.

⑤ Rules Interchange Format (RIF) Working Group [OL]. [2009 - 07 - 19]. http://www.w3.org/2005/rules/wiki/RIF_Working_Group.

⑥ Semantic Web Interest Group [OL]. [2009 - 07 - 19]. http://www.w3.org/2001/sw/interest/.

⑦ OWL web ontology language reference [OL]. [2009 - 07 - 19]. http://www.w3.org/TR/2004/REC - owl - ref - 20040210/.

向：OWL 2 EL 便于有效地对大规模本体进行推理；OWL 2 QL：便于针对大规模数据进行基于数据库技术的合取查询；OWL 2 RL：便于针对 RDF 数据进行规则扩展的有效推理支持。①

在重量级本体研究中有一个非常重要的方向，就是如何解决语义网对于动态知识和相对知识组织不足的问题。

动态知识的特点在于，随时间或情境（condition/situation）的延续或变化，用于揭示知识内涵的特征属性的状态以及这些特征属性之间的关系都会随之演化。② 动态知识广泛存在于各个领域，例如，在历史领域，描述“历史人物”的属性往往是随着“时间”的变化而演变的。对于建立的“政治信仰”这个属性，“毛泽东”的“政治信仰”是“中国共产党”，“蒋介石”的“政治信仰”是“中国国民党”。但是对于“叶挺”这个人物来说，他在“1919 年”加入了“中国国民党”，又于“1924 年”加入“中国共产党”，于是，叶挺的政治信仰属性在本体库中就无法表示了。本体库中的属性是知识表述的具体体现，对于不变的知识描述，本体可以胜任，可是，对于这种情况，即在属性中描述其变化过程，就无能为力了。这种随着时间而变化的知识，我们就叫动态知识。又如，国家档案局科技项目“知识管理方法技术在数字档案馆建设中的应用研究”中，对于电子政务领域中的电子档案来说，它往往是动态变化的：由于国内外形势的变化，各种政策的创建、修改

---

① OWL 2 Web Ontology Language：Profiles [OL]. [2009-08-29]. http://www.w3.org/TR//2009/CR-owl2-profiles-20090611/.

② 董慧，姜赢，高巾等．基于数字图书馆的本体演化和知识管理研究 I——本体分子理论［J］．情报学报，2009（3）：323-330.

甚至否定都非常普遍，如对于“住房问题”，中央曾经在 2001 年发布一个政策文件，湖北省针对这个政策文件在 2002 年制定了自己适合本省情况的省一级别的政策，其中包括对中央政策的贯彻，以及一些省一级的地方情况条款。2003 年，也许 2002 年制定的政策需要进行调整，湖北省又颁布了 2002 年政策的“增修条款”。这也是一种动态知识，这种变化的管理需要建立一种新的机制。由于普通 RDF/OWL 本体仅仅只能表现静态知识，对于这种情况并没有明确的规则或案例作为依据。我们尝试过拆分三元组和添加间接本体的方法来解决，但是也只是权宜之计，由于 RDF/OWL 本体的设计缺陷，并不能从根本上解决问题。

动态知识相对复杂的特点与语义网简单的知识描述模型产生了矛盾。基于语义网的本体知识描述语言如 RDF 以及基于 RDF 的 OWL，都是以简单的三元组为基础的。也就是说，语义网中所有的知识都是以三元组的形式描述的。例如，“叶挺”的“政治信仰”是“中国共产党”，可以表示为 RDF 三元组（eg：叶挺，eg：政治信仰，eg：中国共产党）。但是如果“政治信仰”属性本身是随时间变化的话，RDF 三元组就无法直接描述了。由于本体并不能描述属性的动态变化，这就导致了语义网本体对于动态知识描述的不足。而 OWL 本身只是在本体逻辑推理的需求之上，通过使用了一组描述逻辑词表，建立了分类、约束等推理机制，在知识描述能力上仍然等同于基于 RDF 的三元组描述，所以也无法解决动态知识的知识描述问题。其实除了知识描述问题外，本体作为一种知识组织工具也无法胜任动态知识的组织问题，从而会影响到知识检索和知识推理等一系列问题。这都是动态知识在语义网环境下提出的新的挑战。

相对知识指的是知识的正确性和真实性是相对于不同情况而言的，并不是绝对的。① 比如数字图书馆中的文献根据权威度分为一般文献和核心文献。那么对于某些领域知识的阐述，各种文献的说法可能不一样，虽然人们普遍倾向于认同权威核心文献，但是事实上其他各种说法也可能是相对正确的，不能一概而论，特别是对于尚有争议的问题。

面对这种相对知识，更需要根据具体的情况进行判断，而这种判断的依据是知识提供者所提供的各种不同版本、不同情况的相对知识，基于 RDF/OWL 的本体框架只是简单的三元组，因此并不提供这样复杂的支持。这也正是由于前文所述的，本体是建立在描述逻辑基础之上的“开放世界假设”。“开放世界假设”指的是任何个人或者任何组织都可以建立和发布自己所建立的本体知识，而这些不同的组织所建本体知识是开放的、全局的、平等的，普通个人和权威组织发布的知识没有任何区别，也没有任何推荐信任机制。

为了解决上述问题，应该有一种对各个领域知识内容概念、相互关系及演变过程进行描述与组织的机制，以实现知识资源的共享和动态变化。本体分子理论作为语义网环境下本体理论的扩展，为解决该问题提供了新思路，它提供了一种合适的粒度，能够解决传统本体技术无法处理的相对知识和动态知识组织问题。

鉴于本体分子理论在解决动态知识和相对知识组织方面的巨大优势，我们开展了一系列这方面课题的研究：

---

① 董慧，姜赢，高巾等．基于数字图书馆的本体演化和知识管理研究 I ——本体分子理论［J］．情报学报，2009（3）：323 – 330.

（1）在我们课题组研究国家自然科学基金项目："基于本体的数字图书馆信息检索模型研究"（项目批准号：70373047）过程中，发现了对于"历史人物"的复杂属性和"历史事件"的动态关系，基于 RDF/OWL 的语义网本体描述语言的相对简单性，无法很好地描述这种复杂的动态知识，比如前面提到的"政治信仰"属性。虽然在项目中采取了某些折中妥协的方法，但是对于历史领域动态知识的管理始终没有得到彻底解决。为此一直在寻求新的解决办法。

（2）在 2007 年 7 月至 2009 年 2 月，笔者参与了国家档案局科技项目"知识管理方法技术在数字档案馆建设中的应用研究"（项目批准号：2006 - x - 29）的课题研究。此项目将本体分子理论应用于湖北省电子政务平台，构造了数字档案馆动态知识管理系统。开发了一个实现本体分子基本功能的系统，包括本体分子建库、本体分子检索以及本体分子可视化等，并且提供了通用程序接口，建立了一个可操作的本体分子演化平台，很好地解决了政务公文的补充、修改、废止等动态知识的变化过程。

（3）从 2008 年初至今，笔者参与了国家自然科学基金项目"基于数字图书馆的本体演化与知识管理研究"（项目批准号：70773087）的课题研究。此项目针对本体技术只能解决知识描述和语义问题、无法处理动态知识和相对知识问题，将本体分子理论应用于数字图书馆领域，解决知识中不变部分和可变部分的描述、组织和控制等问题，并重点研究本体分子构建、本体演化（追踪本体分子的变化过程及结果）模型与可视化显示问题，该项目针对数字图书馆领域普遍存在的动态知识，构建了基于本体分子的数字图书馆动态知识管理原型系统。就图书馆工作的三个基本环节（资源、组织和服务）比较数字图书馆和传统图书馆，数字图书馆中的资源是数字化的，服务是网络化的，唯有在资源的组织方面存在严重缺陷，所以动态知识组织问题也是项目中值得研究的问题之一。

（4）从2009年3月至今，笔者参与了北京301医院和武汉大学信息资源研究中心合作的横向项目“基于国际医学术语标准及医学本体构建子宫颈癌临床诊疗与科研数据支持系统”的课题研究。此项目研究内容包括子宫颈癌临床诊疗知识库建立、根据拟定的数据结构标准，利用分词技术对病历文本进行结构化预处理，并对其进行标引、建立“基于宫颈癌医学本体的临床诊疗决策支持系统”。由于医学领域知识的相对性、不确定性、动态性等特点非常突出，很多知识并不是绝对知识，而是动态知识。仅仅依靠基于三元组的本体描述语言RDF/OWL是无法胜任的，更无法开展后续研究工作。因此将本体分子理论引入到医学领域，建立基于RDF/OWL的动态知识组织模型是亟待攻关的重要课题之一。

0.1.2 研究的意义

本文在基于语义网环境下本体的知识组织工具研究基础上，综合运用知识组织理论、本体分子理论及语义网技术，全面、系统、深入地探讨了动态知识组织的规范标准及相关方法工具的使用，构建了基于本体分子的动态知识组织模型，并根据本体分子库结构，开发了本体分子建库工具软件。为了将该模型应用于项目实践中，本文还提出了基于本体分子的动态知识检索模型，解决了动态知识提供的问题。最后还根据实际项目，探讨了该模型在电子政务领域数字档案馆的应用。本文的理论价值在于，丰富和完善了知识组织的理论体系、方法体系，促进了知识组织方法的变革，为如何解决语义网环境下各领域的动态知识组织问题提供了一种新的思路。同时，为用户提供了一种全新的个性化、专业化和智能化的服务机制。本文的现实意义在于语义网环境下动态知识组织体系建设是当前语义网发展的现实需求；鉴于语义网环境下，存在着大量的动态知识，而本体描述语言 RDF/OWL 的简单性，导致了本体不足以很好地解决动态知识组织问题，再加上语义网中还没有一个全面的、统一的动态知识组织解决方案，所以研究语义网环境下新的知识组织模型意义重大。本文的案例应用，资源丰富、功能强大，底层所提供的是通用程序接口，为项目在其他领域的推广应用奠定了坚实的基础。

0.2 国内外相关研究现状

基于本体分子的动态知识组织模型研究是笔者根据多年来的科研项目实践并继承我们课题组的相关研究成果所做的选题。全文主要研究关于动态知识组织的方法、技术支撑、工具及动态知识库的构建等相关问题。但是，目前关于该选题的研究项目和成果都比较少，因此本节关于国内外研究现状的阐述，主要围绕基于本体的知识组织以及动态知识组织两个方面来对已有研究成果和不足展开。

0.2.1 国内外基于本体的知识组织研究

（1）国外基于本体的知识组织研究

国外基于本体的知识组织研究，主要为解决语义网（Semantic Web）、知识管理系统和智能检索中本体的应用问题，通过这些研究提出了许多有借鉴性的本体构建方法、本体构建工具、本体表示语言等。

KSE①（Knowledge Sharing Effort）是美国 DARPA② 项目，主要由斯坦福大学知识系统实验室承担。其目标是使得知识系统的开发者能够从可重用的模块库中选择构件，进行装配，形成所需的新系统，该项目提出了以本体作为不同知识库系统共享知识的方法。该项目分为四部分内容③：①不同语言表示的知识库之间的翻译机制（KIF：Knowledge Interchange format），KIF 是一种中性语言，能够表示目前高级知识表示语言中几乎所有重要的概念和区别；②在一族表达范式之间建立共同的语言版本和推理模块；③基于知识的系统之间的通讯协议（KQML：Knowledge Query and Manipulation Language）；④本体库，即为构造领域知识库而预置的基础。为了解决本体表示不统一的问题，他们还开发了基于 Web 的 Ontolingua 系统④。

美国斯坦福大学医学院医药信息化研究小组开发的本体构建工具

---

① The Knowledge Sharing Effort [OL]. [2009-12-11]. http://www-ksl.stanford.edu/knowledge-sharing/papers/kse-overview.html.

② DARPA [OL]. [2009-12-11]. http://www.darpa.mil/.

③ 余传明．基于本体的语义信息系统研究——理论分析与系统实现［D］．武汉大学博士学位论文，2005.

④ ontolingua [OL]. [2009-12-11]. http://www.ksl.stanford.edu/software/ontolingua/.

protégé。Protégé① 是目前比较流行的本体编辑器，它是一个基于 Java 环境的开放式架构的开源知识构建工具，目前的版本是 protégé4. 0. 2，能够支持 OWL2。允许用户在概念层次上进行设计，不需要了解具体的本体描述语言，就可以非常方便地构造本体模型，提供文本、OWL、JD-BC database、RDF Schema、XML 等多种输出格式，同时提供完全的 API 接口，具有良好的插件扩展性和简单灵活的用户定制界面等多种特殊功能，还有一些优势如：支持图形化本体编辑模式、支持数据库存储模式、基于 OWL 数据库的多人开发模式和支持逻辑检测功能等。② protégé 由于这些优势再加上其简单易用、不断升级的品质和免费获取的特性而成为最受欢迎的本体构建工具之一。顺便提一下，已有的本体构建工具非常之多，但比较成熟、较常用的工具不超过 10 种。如：on-toEdit③ 是由德国卡尔斯鲁厄大学知识管理研究组开发的。它支持推理的多重继承性，系统的基本公理有不相交的概念、对称性关系和传递性关系；WebODE④ 由马德里技术大学人工智能实验室开发，其前身是 ODE（Ontology Design Environment）。它具有可扩展的三层结构，主要用作网络服务器，而不是单机应用。WebODE 的核心是本体访问服务，所有使用其服务器的应用，特别是 WebODE 本体编辑器都可以访问其

---

① protégé ［OL］.［2009 – 12 – 11］. http：//protege. stanford. edu/.

② 董慧，余传明等．基于本体的数字图书馆检索模型研究（Ⅲ）——历史领域资源本体构建［J］．情报学报，2006，25（5）：564 – 574.

③ Sure Y.，Erdmann M.，Angele J. et al. OntoEdit：collaborative ontology engineering for the sernantie Web［C］. Procee dings of the 1st International Semantic Web Conference (ISWC2002) . Berlin：Springer Press，2002：221 – 235.

④ Arpirez J. C.，Corcho O.，Femandez – Lopez M. WebODE：a scalable ontological engineering workbench［C］. Proceedings of the 1st International Conference on Knowledge Capture（KCAP 2001）. Victoria：ACM press，2001：6 – 13.

本体；WebOnto① 是由英国 Open University 知识媒体研究所于 1997 年开发的。用 WebOnto 构建的本体是用 OCML 语言（Options Configuration Modeling Language）描述的，WebOnto 较其他本体工具的优势在于支持多人协作构建本体，在构建本体时，用户之间可以进行同步或异步讨论；Ontosaurus② 是由南加利福尼亚大学信息科学学院于 20 世纪 90 年代初开发的。它包括一个本体服务器与 Web 浏览器，其 Web 浏览器可以对用 Loom 编写的知识库和本体进行浏览。它采用基于描述逻辑的 Loom 语言来描述本体，其顶级本体使用了 SENSUS③ 本体，它的推理能力主要依赖于 Loom 提供的推理功能。总体来说，各种不同的本体构建工具各有自己的优势，也都存在一定的问题，缺乏一种绝对主流的、得到本体研究者与领域专家广泛认可的工具。同时，我们也要看到，本体构建工具百花齐放的局面在一定程度上推进了本体研究工作的进展，但随着本体研究的深入与各种基于本体的知识管理系统、知识检索系统的开发成功，本体工具的差异性会在很大程度上阻碍异构系统的互操作与不同领域知识的互联互通。解决这个问题的一个办法就是本体构建工具的标准化。当然这种标准化是伴随着诸多工具的优胜劣汰而来的，而工具的优胜劣汰又取决于知识表示形式与本体描述语言的优胜劣汰。

美国的 CYC④ 本体库从 1984 年起投入大量的精力建立常识性的本体，1994 年 CYC 成立了一家公司 Cycorp，继续 CYC 的事业。到目前为

---

① WebOnto [OL]. [2009 - 12 - 11]. http: //projects. kmi. open. ac. uk/webonto/.

② Ontosaurus [OL]. [2009 - 12 - 11]. http: //www. isi. edu/isd/ontosaurus. html.

③ SENSUS [OL]. [2009 - 12 - 11]. http: //www. isi. edu/natural - language/resources/sensus. html.

④ Cyc [OL]. [2009 - 12 - 11]. http: //www. cyc. com/cyc/cycrandd/overview.

止，已形成了规模非常庞大的常识性知识本体库。该项目采用基于一阶谓词逻辑的Cycl语言表达本体，按照模块对本体进行组织，通过微理论网络的并集表达涉及与人类日常生活相关的各种概念事物，包括时间、空间、物体、因果、情感、信念、规划和矛盾等等，为常识推理、自然语言理解与生成等应用提供公共的基础。

WordNet① 由普林斯顿大学认识科学实验室在心理学教授乔治·A.米勒的指导下建立和维护的。开发工作从1985年开始，从此以后该项目接受了超过美金300万的资助（主要来源于对机器翻译有兴趣的政府机构）。WordNet是一个英语字典。由于它包含了语义信息，所以有别于通常意义上的字典。WordNet根据词条的意义将它们分组，每一个具有相同意义的字条组称为一个synset（同义词集合）。WordNet为每一个synset提供了简短、概要的定义，并记录不同synset之间的语义关系。②该系统最具特色之处是按照词义而不是词形来组织词汇信息，在国际计算语言学界已有相当的影响。该本体在智能检索、自然语言理解、机器翻译、文本语义分类与过滤等智能领域有着非常广泛的应用。

在基于本体的知识组织研发过程中，非常重要的一步是选择本体表示语言。本体表示语言就是描述本体的语言，通过本体语言人们可以方便灵活地描述和表示本体，并通过本体语言使计算机对本体的操作成为可能。③ 作为表示本体的语言工具，应该具备为本体的构建提供建模元

---

① Wordnet [OL]. [2009-12-11]. http://wordnet.princeton.edu/.

② Wordnet 维基百科 [OL]. [2009-12-11]. http://zh.wikipedia.org/wiki/WordNet.

③ 王燕，温有奎. 文本单元向知识单元转化的研究 [J]. 情报理论与实践，2007 (3)：409-412.

语（Modeling Primitives）及为本体从自然语言表达形式转化为机器可读的逻辑表达形式提供工具等功能,① 如 XOL、RDF、OIL、OWL、LOOM、Cycl、Ontolingua 等。以下是一些具有代表性的本体表示语言：①基于 XML 的本体表示语言 XOL②。本体和 XML 为知识共享和对知识的共同理解提供了理解基础和交换机制，随着本体的发展涌现出大量基于 XML 的本体表示语言。其中 XOL 是由美国生物信息学术团体设计的基于 XML 的本体表示语言，它是以 Ontolingua 为基础，并采用 XML 的语法，使用任何支持 XML 编辑的工具就可以完成 XOL 语言的本体开发。②资源描述框架 RDF 和 RDFS。RDF③（Resource Description Framework）于 2004 年 2 月成为 W3C 推荐标准，是一个用于表达关于万维网（World Wide Web）上的资源的信息的语言。它专门用于表达关于 Web 资源的元数据，比如 Web 页面的标题、作者和修改时间，Web 文档的版权和许可信息，某个被共享资源的可用计划表等。它是一种计算机可以理解的资源组织方式。框架是指与被描述资源无关的通用模型。RDF 和 XML 有非常紧密的联系，RDF 是一种资源描述机制，XML 是一种语法格式和语言，RDF 允许在 XML 的基础上以一种标准化的方式定义数据语义。RDF 数据模型可以用 XML 表示，也可以用 RDF Schema 描述。RDF Schema④ 是基于 XML 对 RDF 的实现，是一种扩展了 XML 的符号和语法的语言，用于表示 RDF 数据模型。RDFS 提供了一个定义在 RDF

---

① 李景．主要本体表示语言的比较研究［J］．现代图书情报技术，2005（1）：1－5.

② XOL.［2009－12－11］．http：//www. ai. sri. com/pkarp/xol.

③ Resource Description Framework （RDF）［OL］．［2009－07－19］．http：//www. w3. org/RDF/.

④ RDF Schema［OL］．［2009－07－19］．http：//www. w3. org/TR/rdf－schema/.

之上的抽象词汇集。③OIL（Ontology Interchange Language）是欧洲的OntoKnowledge① 联盟在现有的领域模型语言和 RDFS 基础上针对基于Web 环境进行知识工程建模提出的一种（三层结构的）领域模型语言，用分层的方法进行定义。针对语义化 Web 对机器可理解的语义表达的要求，OIL 可以表示 Web 知识的领域模型并进行推理。作为一个建议，OIL 结合了广泛使用的基于框架语言的模型原语和描述逻辑提供的推理服务，同时 OIL 与 RDF 兼容，并包含一个精确的语义来描述术语的含义。把领域模型论和 OIL/RDF（S）的理论和技术引入到群决策支持系统中，不仅便利了知识的共享和重用，而且为数据和知识交换提供了语义上的互操作性，很好地适应了群决策支持系统在当前网络环境中的新发展。② ④DAML③（DARPA Agent Markup Language），该项目正式开始于 2000 年 8 月，由美国政府支持，目标是开发一种语言和一组工具，为语义互联网提供支持。DAML 形成于 DAML－ONT（一种本体语言）和 DAML－LOGIC（一种表达公理和规则的语言）。DAML 提出的原因和 OIL 类似，一批支持语义互联网的研究者发现 XML、RDF 作为模式语言其表达能力很有限，希望开发一种有更强的表达能力的模式语言。尽管 DAML 并不是 W3C 的标准，但是参与的开发者中有很多来自 W3C 的工作者，包括 Tim Berners－Lee。DAML 扩展了 RDF，增加了更多的更复杂的类、属性等定义。它一度很流行，成为网上很多本体的描述语

---

① OntoKnowledge [OL]. [2009－12－13]. http://www.ontoknowledge.org.

② 吴祺斌．基于 OIL 的群决策支持系统的研究与实践 [D]. 电子科技大学硕士学位论文，2002.

③ DAML [OL]. [2009－12－13]. http://www.daml.org/about.html.

言，直到 DAML 的研究者和 OIL 的研究者开始合作，推出了 DAML + OIL 语言，成为 W3C 研究语义互联网的本体语言的起点。⑤OWL 全称 Ontology Web Language，于 2004 年成为 W3C 推荐的语义互联网中本体描述语言的标准。它是从欧美一些研究机构的一种结合性的描述语言 DAML - OIL 发展起来的，其中 DAML 来自美国的提案 DAML - ONT，OIL 来自欧洲的一种本体描述语言（二者在上文都有介绍）。OWL 有三个层次的语言：OWL Lite、OWL DL、OWL Full。这三种语言的表达性依次增强，较高的层次包含了较低的层次。OWL Lite 可以定义类、属性以及类的实例，它是一种比较简单的语言，适用于只需要分类层次和简单的限制条件的用户。例如，当它限制集合时，只能给集合赋值为 0 或 1；OWL DL 是 OWL Lite 的扩充，适用于那些希望在保持计算完整性和可判定性的情况下获得最强的表达性的用户。OWL DL 包含了 OWL 语言的所有构件，但它只能在某种条件下使用，只能定义一个集合的属性而不是一个个体的属性。OWL Full 又比 OWL DL 更高一级，它不仅可以定义一个集合的属性也可以定义某个个体的属性，它适应于那些只需要最大的表达性和 RDF 语法自由度而不需要任何计算保障的用户。①例如，OWL Full 中的类既可以被看作是一组个体的集合，也可以将它本身看成是一个个体。针对 OWL 在推理方面太过复杂以及某些表达能力的不足，已经制定了 OWL2 版本。OWL2② 已于 2009 年 6 月 11 日成

① OWL web ontology language reference [OL]. [2009 - 07 - 19]. http: //www. w3. org/TR/2004/REC - owl - ref - 20040 210/.

② OWL 2 Web Ontology Language: Profiles [OL]. [2009 - 08 - 29]. http: //www. w3. org/TR//2009/CR - owl2 - profiles - 20090611/.

为 W3C 的推荐标准，OWL2 有三个方向：OWL 2 EL 便于有效地对大规模本体进行推理；OWL 2 QL：便于针对大规模数据进行基于数据库技术的合取查询；OWL 2 RL：便于针对 RDF 数据进行规则扩展的有效推理支持（这在上文已有介绍）。⑥其他的本体表示语言，如 LOOM① 是定义很完备、功能很齐全的本体表示语言，同时也是高级编程语言。它的欠缺在于对二阶谓词逻辑的表达和自命名公理的定义，以及实例的声明上。新版本的 PowerLoom② 在以上几个方面进行了改进。LOOM 还是一种基于 DL 的框架式语言，对一般的用户而言不易掌握；Cycl 也是一种较好的本体表示语言，它的缺点在于本身不是 Web 上的推荐标准，难以作为所有网络资源的标引规范使用，但是 Cycl 的学习与应用都较为便捷，普通用户可以通过学习较快掌握该语言的语法结构，而且 Cycl 的背后有超大容量的 CYC③ 知识库，前台有良好的应用界面和推理引擎的支持，这使 Cycl 具有优越的应用背景。④ OpenCyc⑤ 项目的目的就是要将 Cycl 逐渐推广，为用户所接受；Ontolingua⑥ 是一种基于 KIF（Knowledge Interchange Format）和 FO（Frame Ontology）的语言，斯坦福大学人工智能实验室的 Ontolingua 服务器就是采用 Ontolingua 作为其本体表示语言。Ontolingua 是独立于特定表示系统的本体定义机制，它

---

① LOOM [OL]. [2009 - 08 - 29]. http://www.isi.edu/isd/LOOM/LOOM - HOME.html

② PowerLoom [OL]. [2009 - 08 - 29]. http://www.isi.edu/isd/LOOM/PowerLoom/index.html

③ CYC [OL]. [2009 - 12 - 13]. http://www.cyc.com/.

④ 李景．主要本体语言的比较研究 [J]. 现代图书情报，2005 (1)：1 - 5.

⑤ OpenCyc [OL]. [2009 - 12 - 13]. http://www.opencyc.org/.

⑥ ontolingua [OL]. [2009 - 12 - 11]. http://www.ksl.stanford.edu/software/ontolingua/.

允许用 KIF 定义类、关系和对象，并能将这些定义翻译成几种特定的表示语言。Ontolingua 还进一步定义了框架本体（表示本体），来支持本体的移植。

上述各种本体表示语言各有各的特点，有的易于表达但是推理机制很差，有的能够实现有效的推理却是以牺牲表达性为代价的，因而我们很难找到一个各方面都表现最优的语言。① 虽然如此，我们仍可以从以上研究中得到许多借鉴之处，因为在实际应用中对表达性和推理性的需求是不同的，某些本体语言可能比其他语言更适合某种特定的应用领域。当用户为某个应用系统开发本体时，不仅有必要分析该系统对于知识表示和推理的需求，而且应该研究这些语言所提供的知识表示和推理的能力，这样，本体开发者才能有效地避免盲目地选择本体表示语言。这样的话，虽然目前还没有一种最优的本体表示语言，但是我们可以根据实际应用的需要选择最适合的语言。由于某一种本体表示语言不可能同时兼备表达性和推理性，只能在两者之间达到一种平衡，但是不同的应用领域对知识表示和推理的需求不同，某些语言可能比其他语言更为合适，因而，在以后的项目研究中，我们的一个主要任务就是找出影响创建本体的关键因素，这样便于从众多的语言中选取最合适自己需求的本体表示语言。

（1）国内基于本体的知识组织研究

目前，国际上（尤其是欧美）在本体研究领域处于领先地位，推出了一系列的本体构建方法、构建工具、表示语言和相关标准，而国内

---

① 岳静，张自力. 本体表示语言研究综述［J］. 计算机科学，2006（2）：158－162.

在这方面才刚刚起步，研究成果还很少。笔者通过文献调查发现，和基于本体的知识组织相关的研究项目分别有：武汉大学信息资源研究中心的董慧教授主持的国家自然科学基金项目“基于本体的数字图书馆检索模型研究（项目批准号：70373047）”、上海交通大学计算机科学与工程系俞勇教授主持的 IBM 中国研究中心资助的项目“ORIENT - Ontology engineering environment”、东南大学计算机科学系瞿裕忠教授主持的国家自然科学基金项目“语义 Web 本体的搜索方法与技术（项目批准号：60773106）”及面向语义 Web 的本体匹配方法（项目批准号：60573083）、复旦大学计算机科学与工程系软件工程实验室钱乐秋教授主持的国家自然科学基金项目“基于本体的构件语义描述与检索（项目批准号：60473062）”、北京大学信息管理系王军老师领导的 Kvision（Knowledge Vision）课题组以及清华大学计算机系知识工程研究室李涓子老师主持的国家自然科学基金项目“分布式本体系统本体粒度划分机制的研究（项目批准号：60443002）”等。其中董慧教授课题目标是建立数字图书馆平台上蕴含语义的检索模型，帮助用户理解和检索数字图书馆的 Web 资源，正是通过研究该项目，我们课题组发现了本体在解决动态知识组织方面的不足；俞勇教授主要研究如何构建本体（ontology）及其演化方法，并开发一个集成的本体编辑环境 ORIENT；钱乐秋教授则在构件的描述与检索中引入本体，更好地表示构件间的语义信息，并提出了一种领域本体构建方法 OntoMerge，还针对知识不是一成不变的，本体库需要维护和更新，提出了一种本体演化理论框架；王军老师旨在为信息资源提供知识化的视角，实现信息资源自动/半自动的组织，提供基于内容的、个性化的信息服务，该课题组研究并实现了一个基于本体的语义检索系统，将传统的知识组织工具（分类法、词表）形式化，使得机器可以理解和自动处理，探索集成传统知识组织资源，自动构造本体的方法，并在知识库本体化的基础上提供知识服务；李涓子老师研究并实现了一个基于 Web 的分布式本体系统（WODOS），其中对本体的分布性、语言支持、本体粒度以及推理集成问题进行了研究。

除了以上一些研究，国内还有许多基于本体的知识组织研究论文，这些论文多集中在基础概念，本体构建工具、本体建库、知识检索模型等方面。常艳①指出，目前大部分数字图书馆在为读者提供网上知识检索时，主要通过搜索关键字并利用 Web 文件中的超链接来查询到读者需要的知识，这种方式有很多缺点：如只能按照某种格式进行信息显示，无法表达语义，致使 Web 成为非结构化的庞大的信息容器，计算机无法将 Web 信息自动生成知识，也无法进行精确化的知识检索，语义识别还需要人工来判断，效率低下；不容易选取合适的关键字；返回过多的无关信息；检索的查全率和查准率不高。之所以产生上述缺点，归根结底就是知识组织的不合理问题及现有的知识组织模式已不适应当今数字图书馆知识组织的要求，如何科学、合理、有效的组织数字图书馆中的知识已成为数字图书馆发展的关键问题。通过研究现有的知识组织模式，得出了本体研究的兴起为数字图书馆的知识组织带来了新的生机的结论，并指出本体作为一种新的知识组织模式，能有效解决知识检

---

① 常艳．基于本体的数字图书馆知识组织构建模式研究［D］．吉林大学硕士学位论文，2008.

索中的查全率和查准率问题及知识的共享和复用等问题，因而在知识组织与知识处理中具有特别的学术意义和广泛的应用价值。冯兰萍、朱礼军①等人针对目前知识组织中存在的问题，将模块化本体引入到知识组织中，提出一个开放的知识组织方法即 Onto - KO，并分析了开放知识组织结构、基本原则、本体模块间语义关系及知识组织算法等。该方法能够将知识分割，将其分配给独立的知识用户，使知识用户能够参与知识的共同构建、维护，从而实现知识的开放组织，在一定程度上降低知识组织的复杂性，提高知识组织的质量和协作能力。陈向东与余锦凤②在分析了知识组织与知识共享对于开放本体的需求，通过对传统 Wiki 的改进，设计了一种开放本体导航工具，他们对开放源码的 Wiki——Wakka 进行了改造，开发了一个实验原型。李景③在详细全面地调研了现有本体构建工具的基础上，对其中几种主要的本体构建工具进行了介绍研究。认为，现有的本体构建工具，各具有自己的优越性和不可替代性，也各自拥有稳定的用户群体，这些工具软件的研究人员或是开发者都在尽力使之趋于完善，希望为用户提供更加友善易用的界面和更加完备的功能。但是，这些工具也或多或少有不尽如人意之处，如：不同工具都各有不同的本体导入和输出格式，缺乏统一的 Web 标准；绝大多数工具的插件都具有不同程度地对系统以及版本的依赖性；不同种类工

① 冯兰萍，朱礼军，张继国．一种基于模块化本体的知识组织方法研究［J］．现代图书情报技术，2007（12）：30－33.

② 陈向东，余锦凤．一种基于本体的知识组织工具［J］．情报理论与实践，2006（6）：746－749.

③ 李景．主要本体构建工具比较研究（上）［J］．情报理论与实践，2006（1）：78－81.

具构建的本体无法相互兼容，并且在异构系统中无法被复用；构建工具的使用与基于本体的专家系统、检索系统以及机器翻译系统的改造换代脱节，使得本体的应用与构建脱节，导致生成的本体缺乏“生命力”等等。她进一步指出，这些问题要真正得以解决，还有待于出现一种标准化的工具，它需要具有一些特征，如具有一定的开放性，并提供统一的通用概念体系和常识库。具有统一的输入和输出标示语言格式，并且这种表示语言是 Web 标准。董慧①、刘耀②、徐力斌③等分别依托各自不同的研究项目，探讨了不同领域的本体构建步骤、方法，其中徐力斌还探讨了基于 WordNet 和自然语言处理技术的领域本体半自动构建方法。

0.2.2 国内外动态知识组织的研究

相比基于本体的知识组织研究，国内外专家学者对动态知识组织的研究成果要少得多。其研究主要围绕理论模型、系统实现、知识描述或者是相关推理机制等进行。

（1）国外对动态知识组织的研究

根据语义 Web 顶级国际会议论文 ISWC、ESWC 以及 ISKO 国际会议论文的调查，国外研究起步于 2003/2004 年，已经有不少初步的成果

---

① 董慧，余传明等．基于本体的数字图书馆检索模型研究（Ⅲ）——历史领域资源本体构建［J］．情报学报，2006，25（5）：564－574.

② 刘耀，穗志方，周扬等．中医药本体构建研究［J］．大学图书馆学报，2008（4）：58－62.

③ 徐力斌，刘宗田等．基于 WordNet 和自然语言处理技术的半自动领域本体构建［J］．计算机科学，2007（6）：219－222.

和解决方案。但是这些方法的思路和实现各有千秋，目前并没有统一标准，也没有公认的具有决定性优势的解决方案。

由 W3C 语义网活动小组之一的语义网最佳实现和部署工作组①（Semantic Web Best Practices and Deployment Working Group）针对语义网语言，如 RDF 和 OWL 中，一个属性是一个二元关系：它是用来连接两个个体或一个个体和一个值，而某些情况下，自然和方便的表示一定概念的方法是利用关系来连接一个个体和多个个体或值，提出了 N 元关系（N – ary Relations）的本体设计模式。② 用来指导本体库建设者如何在 RDF/OWL 框架下解决动态知识描述问题。其中主要有两种设计模式：关系类引入模式（Pattern 1：Introducing a new class for a relation）和关系参数列表模式（Pattern 2：Using lists for arguments in a relation）。这些本体设计模式并没有提出新的模型从根本上解决问题，只是针对动态知识的设计提出指导性建议。

W3C 联盟语义网兴趣工作组（Semantic Web Interest Group）于 2004 年提出的具名图③（Named Graphs）技术方案，将多个 RDF 图归并到单一的文件/库中，并且用 URIs 命名以达到 RDF 推荐之上的附加功能。具名图由一个 RDF 三元组和一个具有清晰的语法和语义属性的

---

① Semantic Web Best Practices and Deployment Working Group [OL]. [2009 – 07 – 19]. http：//www. w3. org/ 2001/sw/Best Practices/.

② Defining N – ary Relations on the Semantic Web [OL]. [2009 – 07 – 20]. http：//www. w3. org/TR/ wbp – n – aryRelations/.

③ Named graph Semantic Web Interest Group. [2009 – 07 – 20]. http：//www. w3. org/ 2004/03/trix/.

第四元组成。W3C 联盟在 2005 年制定的本体检索语言 SPARQL① 就支持这种“具名图”检索。另外，德国柏林 Freie Universität 大学的 Chris Bizer 和 Richard Cyganiak 等还开发出基于 Java 的“具名图” API：NG4J。② 这种方式可在一定程度上解决动态知识的描述问题，Department of CSEE ，University of Maryland 和 Knowledge Systems Laboratory，Stanford University 提出了“RDF 分子③”（RDF molecule）的概念。RDF 分子本质是本体三元组的扩展：如果三元组不包含匿名结点，那么这个三元组就是 RDF 分子；如果三元组包含匿名结点，必须把含有相同匿名本体的多个三元组组合起来形成 RDF 分子。他是“最小的无缺失的语义单元”。通过把本体文档拆分成“RDF 分子”的集合，来追踪本体知识的出处，能够解决匿名本体的语义缺失问题。但是它的粒度还是太细，不太适合粗粒度本体知识管理。

美国斯坦福大学知识系统实验室和 IBM 研究院，提出“上下文参数”（Context Arguments）的概念，通过对三元组添加第四个参数形成“四元组”（Quads）的方式表达上下文相关的相对知识。

Franz④ 的著名本体服务器 AllegroGraph⑤ 甚至引入了第五元结点来扩展三元组的逻辑结构。AllegroGraph RDFStore 是一个现代化、高性

---

① SPARQL Query Language for RDF［OL］.［2009－07－21］. http：//www.w3.org/TR/2005/WD－rdf－sparql－query－20050217/.

② C. Bizer and R. Cyganiak. Ng4j－named graphs api for jena. In Proceedings of 2nd European Semantic Web Conference（ESWC2005）. Heraklion, Greece.

③ Li Ding, Tim Finin, Yun Peng, Paulo Pinheiro da Silva, and Deborah L. McGuinness Tracking RDF Graph Provenance using RDF Molecules. Technical Report TR－05－06, UMBC（2005）.

④ Franz Inc.［2009－05－10］. http：//www.franz.com.

⑤ AllegroGraph［OL］.［2009－05－10］. http：//agraph.franz.com/allegrograph/.

能、持久 RDF 图数据库。AllegroGraph 使用基于磁盘的存储，使之扩展到可以存储数十亿的三元组，同时保持卓越的性能。

除了上述应用项目外，国外也有部分论文对动态知识组织的相关问题进行了研究和探讨。Oleksiy Khriyenko and Vagan Terziyan① 在 RDF 基础之上做了扩展，增加了“TrueInContext”组件，提出“语义背景描述框架 Context Description Framework（CDF）”来描述动态知识和相对知识；Olena Kaykova，Oleksiy Khriyenko 等人②也是在 RDF 基础之上做扩展，利用上层本体来描述动态知识或者是上下文条件的变化，提出“资源状态/条件描述框架”Resource State/Condition Description Framework（RscDF）；其后 Sergiy Nikitin，Vagan Terziyan 等人③还专门撰文，用 RscDF 来描述 Web 资源状态的变化及条件的变化，进而探讨了一种新的存储和管理动态知识的办法，从而达到查询动态知识的目的。Paolo Bouquet、Fausto Giunchiglia 等人④在 OWL 语言的语法和语义规则基础上做了扩展，提出 Context OWL（C－OWL）丰富了 OWL 语言的语

---

① Oleksiy Khriyenko and Vagan Terziyan. A framework for context－sensitive metadata description [J]. International Journal of Metadata, Semantics and Ontologies, 2006, 1 (2): 154－164.

② Kaykova O., Khriyenko O., Naumenko A., Terziyan V., Zharko A.. RSCDF: A Dynamic and Context－Sensitive Metadata Description Framework for Industrial Resources [J]. Eastern－European Journal of Enterprise Technologies, 2005, 3 (3): 1729－3774.

③ S. Nikitin, V. Terziyan, Y. Tsaruk, A. Zharko. Querying dynamic and context－sensitive metadata in semantic web [M]. In Proc. Autonomous Intelligent Systems: Agents and Data Mining: Intl. Workshop, St. Petersburg, Russia, 2005: 200－214.

④ P. Bouquet, F. Giunchiglia, F. van Harmelen, L. Serafini, and H. Stuckenschmidt. C－owl: Contextualizing ontologies [C]. In Proceedings of the 2nd International Semantic Web Conference (ISWC2003), Berlin: Springer, 2003: 164－179.

义，用来描述动态知识和相对知识。Olivier Corby① 在 2007 年也提出了 RDF/SPARQL 情境元数据设计（RDF/SPARQL Design Pattern for Contextual Metadata）来解决动态知识元的问题。Pieter De Leenheer，Aldo de Moor② 提出了 DOGMA 框架和方法来支持复杂的动态知识的管理，其中 DOGMA 框架不受限于任何一种特定语言，采用二层架构，即 the Lexon Base（conceptualisation）和 the Commitment Layer（axiomatisation），该框架中对于 Lexon Base 的描述也使用了类似五元组的结构来表示动态知识。从上述研究可见，有的研究如 CDF、RscDF、C－OWL 等都是通过不同的方式扩展 RDF 或 OWL 词表来表示动态知识，有的研究是针对现有本体存储系统扩展第四元或是更多元设计来存储动态知识。

综上所述，不管哪种理论或技术，大部分都是部分解决语义网环境下的动态知识问题，只能解决某一方面的问题。有的侧重于理论模型，有的着重于系统实现；有的只在知识描述上有所贡献，有的只提出相关推理机制，还有的提供了存储动态环境的扩展字段。目前语义网研究学界仍然缺乏一个全面的、统一的、深入的动态知识解决方案，这正是本论文的研究价值所在。

（2）国内对动态知识组织的研究

由于国内对本体在知识管理应用方面的研究起步比较晚，目前大多

---

① Corby, Olivier, Faron－Zucker, Catherine. RDF/SPARQL Design Pattern for Contextual Metadata［C］. In Proceedings of Web Intelligence IEEE/WIC/ACM International Conference（WI 2007）, New York：IEEE CS, 2007.

② De Leenheer, P., de Moor, A., and Meersman, R.. Context dependency management in ontology engineering：a formal approach［J］. Journal on Data Semantics VIII, 2007, 4380：26－56.

停留在理论探索及实验原型系统阶段，深入研究乃至真正投入应用的成果并不多。研究的目光主要集中在本体层和推理 Logic 层，也就是对于 RDF/OWL 标准本身的实现的研究，以及在此之上的本体推理机的应用研究。而关注推理层之上的 Trust 信任层则非常少。清华大学计算机系知识工程研究室吴刚①发表过一篇论文《细粒度语义网检索的研究》，主要讨论以本体元素为知识单元的细粒度知识检索模式和检索排序机制；廖良才、秦伟等人②发表过《基于本体的动态知识管理系统》，针对现有知识管理系统知识组织的动态性不足以及知识结构缺少灵活性等问题：知识库组织形式单一固定，层次结构不明晰，知识的存储和检索都是静态的，无法在工作实践中根据新情况扩展知识类别及属性，动态参与性、交互性差；系统架构固定不可变，无法根据企业应用的实际情况灵活地配置系统、无法对知识结构内容进行自由扩充，适应性不强。提出了一个基于本体的动态知识管理（Ontology－based Dynamic Knowledge Management，ODKM）系统框架。李广建等人③通过调研分析当前数据库出版商与收录在线电子期刊的情况，以此设计基于情景的知识库，通过设计网络蜘蛛抓取数据，自动构建知识库，并实现知识库的实时更新，最后给出基于情景知识库的工作原理及工作流程。李书宁④根

① 吴刚，唐杰，李涓子，王克宏．细粒度语义网检索［J］．清华大学学报（自然科学版），2005，45（9）：1865－1872.

② 廖良才，秦伟，舒宇．基于本体的动态知识管理系统［J］．计算机工程，2009，35（16）：256－261.

③ 李广建，李亚子，牟秋江，谌贻萍，郭理文．基于情景敏感的知识库设计与自动构建［J］．图书馆杂志，2008（2）：59－62.

④ 李书宁．情景敏感数字图书馆服务系统用户情景的本体建模［J］．情报资料工作，2008（6）：61－65.

据数字图书馆的实践特殊需要确定用户情景敏感服务所要描述的情景类，利用 OWL 对这些情景进行本体建模，并提出用户情景敏感数字图书馆中间件系统框架。

0.2.3 已有研究存在的问题和可借鉴之处

虽然基于本体的知识组织和关于动态知识组织的研究在理论和实践上都取得了一定的成就，但仍然存在一些问题：（1）目前没有在表达能力和推理能力都最优的本体表示语言，而且很多本体表示语言都是依赖特定的项目，如 Cycl、Ontolingua、LOOM 等，这给实际应用中本体表示语言的选择带来了一定的困难；另外，当前的本体构建工具各有不同的本体导入和输出格式，不同工具构建的本体无法相互兼容，大多数工具的插件都具有不同程度地对系统及版本的依赖，因此标准化的工具是我们所期待的。（2）缺少一个全面的、统一的动态知识组织解决方案，这点在前面的研究现状中已经阐述过。（3）有许多解决方案是通过引入新的类和属性来描述动态知识，带来了很多的冗余数据，虽然知识描述的问题解决了，但是却给知识存储带来了困难，也为之后的知识检索服务造成了性能上的障碍。（4）通过扩展三元组的物理结构，即引入第四元、第五元结点来解决动态知识存储问题，始终满足不了更为复杂的动态知识存储问题。因此有必要深入分析语义网环境下动态知识的特点，结合现有语义网技术，提出一个通用的动态知识组织工具。

本体分子理论是在大量相关研究基础上提出的。针对以上所分析的现有解决方案第三、第四点的不足，本体分子在知识表达时，没有引入新的类和属性，不会产生冗余数据，也不会给知识的存储带来困难；另外，本体分子的设计，在物理结构上没有改变 OWL 原本遵循的规范，而是在 OWL 规范的基础上进行扩展。这使得本体分子这种解决方案，对于其他的任何应用都是兼容的。

国内外基于本体的知识组织研究从不同的角度和不同的侧重点探讨了本体技术在知识组织中的应用，这其中有很多值得借鉴的理念：如从研究本体表示语言这个领域来看，由于本体语言在表达和推理能力中存在着或多或少的缺陷，有的易于表达有的推理很强，我们可以根据实际应用中对推理性和表达性的需求来选择最适合的语言；与之相应的本体构建工具目前也是百花齐放的局面，标准化应该是未来本体构建工具研究的方向之一，那么在研究知识组织的问题时，在本体构建工具上应该选择推荐的标准化工具；另外在知识存储的研究上，可选择数据库的存储模式，目前 Oracle 11g① 及 MySQL 数据库都支持 RDF/RDFS/OWL 标准机制，使得应用程序开发人员在构建基于 RDF 和 OWL 的应用程序时可以获益于一个开放、可扩展、安全、集成、有效的平台。

同时关于动态知识组织方面的研究成果也可以借鉴，如在动态知识表示方面可采用扩展 OWL 词表的方式，在动态知识存储方面要选择到既支持 RDF 三元组结构存储又提供扩展字段的服务器等等。

---

① Oracle Semantic Technologies Center [OL]. [2009 - 02 - 20]. http://www.oracle.com/technology/tech/semantic_technologies/index.html.

0.3 本书的研究内容

本书的主要研究内容包括本体分子理论提出的背景、意义及优势、本体分子的理论内涵、基于本体分子的动态知识组织模型的构建以及该模型在动态知识检索中的应用。

(1) 本体分子理论提出的背景、意义及优势。本体分子理论是笔者所在课题组经过多个科研项目的实践研究而提出的一种全新的理论，主要是解决动态知识组织的问题，首先必须分析这个新理论提出的背景、意义及解决动态知识组织问题时的优势。这就一方面要研究语义网中动态知识的特征、动态知识组织问题的现状以及现有的解决方案的不足；另一方面在语义网体系结构中，自底层向上至本体层的那些技术都已经实现了标准化并获得认可，而对于本体层之上的问题，W3C 联盟还没有制定统一标准，留给其他组织自行研究。利用本体分子技术来解决信任层的知识组织问题是语义网发展的趋势之一，这也是本体分子理论提出的重大意义所在；本体分子在解决动态知识组织问题时，最主要的优势是：在实现方法上，本体分子在知识表达时，没有引入新的类和属性，不会产生冗余数据，也不会给知识的存储带来困难；另外，本体分子的设计，在物理结构上没有改变 OWL 原本遵行的规范，而是在 OWL 规范的基础上进行扩展。这使得本体分子这种解决方案，对于其他的任何应用都是兼容的。在实现结果上，它不仅可以反映出动态知识的演变结果，而且可以反映出动态知识的演变过程。

（2）本体分子的理论内涵。在阐述完本体分子提出的背景、意义及解决动态知识组织问题的主要优势后，为了构建基于本体分子的动态知识组织模型，必须弄明白本体分子理论的定义和特征，分析清楚本体与本体分子的关系，然后根据定义，分析本体分子的结构，最后阐述本体分子所包含的抽象语义概念及概念间的关联。这些都是后续的动态知识描述、动态知识库构建的依据。

（3）基于本体分子的动态知识组织模型。针对本体及语义网中现有解决方案的不足，本论文提出了知识源层、元数据层、静态知识层、动态知识层四层知识组织模型，并重点分析了动态知识层的知识组织过程，包括动态知识获取、动态知识描述、动态知识存储等等。其中关于动态知识的描述部分，文中采用 OWL 类及属性来描述本体分子中引入的基本语义概念及概念间的关系，如维度类、维度容器、本体分子的核、本体分子的外围等等；而关于动态知识的存储则可以根据实际项目的需求及语义关系的复杂度来选择合适的存储方案。

（4）基于本体分子的动态知识组织模型在动态知识检索中的应用。笔者在建立好基于本体分子的动态知识组织模型后，致力于将该模型应用于实际的项目中来解决动态知识检索的问题。但是将某个知识组织模型引入到实际的知识检索项目中，往往不是那么简单，即使用户完全理解了这个模型的内涵，也很难快速、便捷地建立基于这种模型的应用。这里面牵涉到一系列的应用支撑工具的问题。因此，笔者在已构建的动态知识组织模型的研究基础上，提出了基于本体分子的动态知识检索模型。该模型分为知识的获取、本体分子库的构建、用户查询和结果反馈、Lucene 检索引擎、知识的可视化五个部分。在动态知识检索实现过程中重点谈了关键技术支撑，包括本体分子建库工具软件（OMProtégéPlugin）的设计和开发、可视化工具的选择（Prefuse 和 JfreeChart）、Lucene 工具包的使用等等。

在阐述完基于本体分子的动态知识检索模型及其相关的技术支撑后，笔者将本体分子的动态知识组织模型应用到电子政务领域中，电子政务领域电子档案知识往往是动态变化的，将本体分子的动态知识组织模型应用到电子政务领域动态知识检索系统中，实现了电子政务公文的动态演化检索及电子政务公文条目的动态演化检索。基于本体分子的动态知识组织模型在电子政务领域的成功应用充分说明了该模型的实用性和可行性。

0.4 本书的创新点

基于以上的研究内容，本文的创新点是：

（1）提出了基于本体分子的动态知识组织模型。该模型由四层组成，即知识源层、元数据层、静态知识层以及动态知识层，且各层之间存在有机联系。

（2）提出了基于本体分子的动态知识检索模型。该模型共分成五个部分：知识的获取、本体分子库的构建、用户查询和结果反馈、Lucene 检索引擎、知识的可视化。模型的提出为将本体分子动态知识组织模型应用于实际的动态知识检索项目中奠定了基础，解决了为用户提供动态知识的问题。

(3) 拓展了本体分子的理论内涵。对本体分子理论中所独有的抽象语义概念，如：维度、维度容器、本体分子的核、本体分子的外围、本体分子和本体分子图等进行了明确的定义，界定了本体分子理论的抽象概念间的相互关联。

0.5 本书基本结构

本文构建了基于本体分子的动态知识组织模型，并根据模型的层次结构，分析了动态知识组织的过程。在对动态知识组织模型进行了充分的研究后，又探讨了该模型在动态知识检索中的应用，提出了基于本体分子的动态知识检索模型，认为要实现一个基于本体分子的动态知识检索系统，需要一些重要的技术支撑，如知识获取、本体分子库的构建、本体及本体分子检索结果的可视化等等。因此，论文的基本结构设计围绕着动态知识组织模型构建、动态知识组织模型应用及相关技术支持而展开。

论文共七章，可分为五个部分：

第一部分（包括第 0 章）主要介绍本文的研究背景、研究意义、国内外研究现状、研究内容、创新之处和论文基本结构。

第二部分（包括第 1、2 章）主要对本体分子理论提出的背景、意义及优势进行了阐述，并分析了本体分子的理论内涵。

第 1 章从语义网中的动态知识问题谈起，通过对语义网体系结构的各层的功能分析以及语义网本体 RDF/OWL 的设计思想的阐述，分析了本体作为新型知识组织工具不能很好地解决动态知识组织的原因。在此基础上，又阐述了语义网中现有解决方案的不足。最后在前面论述的基础上，提出了本体分子理论来解决语义网中动态知识组织的问题。本章主要回答了“本体分子为什么要提出来，它是解决什么问题的?”这个问题。

第 2 章主要阐述了本体分子的理论内涵。本章首先给出了本体分子理论的定义和特征，在此基础上，分析了本体分子的结构，同时探讨了本体分子中所包含的抽象语义概念及概念间的关联，最后说明了本体分子在解决动态知识组织问题时的优势。本章主要回答了“本体分子的理论内涵有哪些以及它在解决动态知识组织问题时的优势是什么?”这个问题。

第三部分（包括第 3 章）探讨了基于本体分子的动态知识组织模型，并重点分析了动态知识层所包含的知识内容，阐述了动态知识组织的过程，包括动态知识获取、动态知识描述、动态知识存储等等。本章主要回答了“本体分子是怎么解决动态知识组织问题?”这个问题。

第四部分（包括第 4、5 章）主要探讨基于本体分子的动态知识组织模型的应用。

第 4 章从动态知识组织的目标是为动态知识整序并最终为用户提供动态知识谈起，而动态知识检索是为用户提供动态知识的一种方便、快捷的方式。鉴于此，本章提出了基于本体分子的动态知识检索模型，从知识的获取、本体分子库的构建、用户查询和结果反馈、Lucene 检索引擎以及知识的可视化五个部分探讨了动态知识检索系统的实现，同时在此过程中重点讨论了每一个部分所需的关键技术支撑，如本体分子建库工具软件（OMProtégéPlugin）的设计和开发、可视化工具的选择（Prefuse 和 JfreeChart）、Lucene 工具包的使用等等。本章主要回答“本体分子的动态知识组织模型是怎么应用于动态知识检索，以及这个应用过程中需要哪些关键技术支撑”这个问题。

第 5 章实际应用案例介绍。分析了基于本体分子的动态知识组织模型在电子政务领域中的应用案例。将本体分子的动态知识组织模型应用到电子政务领域动态知识检索系统中，实现了电子政务公文的动态演化检索及电子政务公文条目的动态演化检索。该应用案例也充分表明了本体分子动态知识组织模型的可行性和实用性。本章主要回答“如何应用本体分子的动态知识组织模型解决实际项目中的动态知识组织问题从而为用户提供动态知识检索服务”这个问题。

第五部分（包括第 6 章）对于项目、论文进行了总结，对该领域的发展及未来工作进行了展望。

1　动态知识组织相关研究

1.1　拟解决的关键问题

基于本体分子的动态知识组织模型研究的主要目标是在语义网环境下，通过本体分子理论提供一种对各个领域知识内容概念、相互关系及演变过程进行描述与组织的机制，以实现知识资源的共享。本体分子作为建立在语义网本体之上的一种知识组织工具，主要是解决动态知识组织的问题，因此有必要弄清楚动态知识的特征、本体在解决动态知识组织问题时的不足、目前有哪些解决方案等问题，以及本体分子能够解决哪些问题。本章拟解决以下关键问题：

（1）什么是动态知识？

（2）语义网中的本体层主要是解决什么问题？为什么本体不能很好地解决动态知识组织的问题？

（3）现有的动态知识组织方案有什么不足？

（4）本体分子能够解决动态知识组织的问题吗？本体分子与现有的方案相比有什么不同？

1.2 语义网中的动态知识组织问题

1.2.1 问题描述

动态知识指的是随时间或情境（condition/situation）的延续或变化，用于揭示知识内涵的特征属性的状态，以及这些特征属性之间的关系都会随之演化的知识。① 动态知识广泛存在于各个领域中。比较典型的有：

（1）我们课题组在研究国家自然科学基金项目“基于本体的数字图书馆信息检索模型研究”时，以历史领域为切入点使用OWL语言建立了国共两党合作历史本体库，并针对这个本体库建立了本体检索模型和本体推理模型。在这段历史中给重要的历史人物建立了“政治信仰”的属性，比如“毛泽东”的“政治信仰”是“中国共产党”，“蒋介石”的“政治信仰”是“中国国民党”。但是对于“叶挺”这个人物来说，他在“1919年”加入了“中国国民党”，又于“1924年”加入“中国共产党”。于是，叶挺的政治信仰属性在本体库中就无法表示了。

① 董慧，姜赢，高巾等．基于数字图书馆的本体演化和知识管理研究Ⅰ——本体分子理论［J］．情报学报，2009（3）：323－330.

本体库中的属性是知识表述的具体体现，对于不变的知识描述，本体可以胜任，可是，对于这种情况，即在属性中描述其变化过程，就无能为力了。这种随着时间而变化的知识，我们就叫动态知识。

（2）我们在研究国家档案局科技项目“知识管理方法技术在数字档案馆建设中的应用研究”时，将本体技术引入电子政务领域数字档案的管理，项目目标是建立电子政务档案相关本体库，设计并开发知识检索系统，使得公务员更容易获得和使用电子政务档案。对于其中的电子档案来说，也是动态变化的：由于国内外形势的变化，各种政策的创建、修改甚至否定都是非常普遍的。如对于“再就业”问题，国务院曾在2003年出台了一个政策文件，接着湖北省针对这个政策文件在2004年制定了适合自己本省情况的省一级别的政策，其中包括对国务院政策的贯彻及省级地方特色条款，2005年，湖北省又颁布了2004年政策的增修条款，这也是一种动态知识。

（3）我们在和国家图书馆合作洽谈“基于本体的法律法规知识服务系统”项目方案时，又发现法律领域，法律条文也是动态变化的：由于有的法律是20世纪80年代或90年代初制定的，现在看来，有些规定已经明显不适应发展社会主义市场经济的需要，需要修改或者废止；还有的由于法律制定的时间有先有后，有的后法与前法的一些规定有不尽一致或不能衔接的地方；再有些是由于行政管理体制改革，法律规定的主管部门的称谓已发生变化，导致一些法律法规需要进行修改的。这也是我们所指的动态知识。

实际上，随着语义网和本体技术研究的不断深入，已经在很多领域产生了应用，可以说语义网已经深入到了人类知识的方方面面。现在已经很难找到哪个领域可以宣称与语义网没有关系。如在生命科学领域（如大规模基因本体库）、出版领域（如 Dubin Core 标准和知识分类本体库）、医疗保健领域（如癌症本体库）和文化传承领域（如博物馆与艺术家本体库等），就连在冷僻的领域如石油勘探与开采、红学研究、政治学分析等方面都有人在开发本体产品。① 这些领域同时也存在着大量的动态知识，动态知识无处不在，那么如何对动态知识进行有效的组织，从而为用户建立一个全新的个性化、专业化和智能化的服务机制是当前亟待解决的重要课题。

1.2.2 本体在解决动态知识组织问题时的不足

本体在解决动态知识组织问题时的不足，主要原因有两点：一是语义网层次结构的功能定位，二是语义网本体 RDF/OWL 先天设计的缺陷。所以本节首先简单地介绍一下语义网的层次结构图以及其中的本体层的功能定位，再简单地介绍一下 RDF/OWL 的设计，以便阐述清楚本体在解决动态知识组织问题时的不足。

（1）语义网的层次结构

万维网之父 Tim Berners - Lee 在 1998 年首次提出了语义网（Semantic Web）的概念及其技术线路②，2001 年 2 月，W3C 正式成立“Semantic Web Activity”来指导和推动语义 Web 的研究和发展，语义

① 黄智生博士谈语义网与 Web 3.0. [2009 - 07 - 19]. http：//www.infoq.com/cn/articles/semantic - web - and - web3.0.

② T . Berners - Lee. Semantic Web road map. [2009 - 07 - 19]. http：//www.w3.org/DesignIssues/Semantic.html.

Web 的地位得以正式确立，其后有大量研究人员和业界伙伴的参与。①语义网是现有网络的延伸，在这样的网络中，信息都被赋予了明确的含义，使机器能够理解和自动处理网上可用信息，以便给用户提供更有针对性的网络信息，而不仅仅是显示数据而已。

语义网的研究是一步步地推进的，每一步都要在前一层之上搭建新的一层，一般情况下，会有多个团队沿着不同方向研究同一个问题，由此产生的不同想法之间的竞争是科学发展的主要驱动力。对于语义网的体系结构，Tim Berners - Lee 用蛋糕层（The Semantic Web Layer Cake，如图 1 - 1 所示，该蛋糕图是 2007 年新给出的语义网层次图）的方式形象地作了解释：语义网中的层次关系是以 XML 和 RDF/RDFS 为基础，并在此之上构建本体和逻辑推理规则，以完成基于语义的知识表示和推理，从而能够为计算机所理解和处理。

在这个层次结构图中，位于较高一层的代理能够解释和使用低层的信息，即向下可兼容性。例如，掌握 OWL 语义的代理具备足够的能力，可以充分利用由 RDF 和 RDF Schema 描述的信息；而且位于较低一层的代理能够部分地使用更高层的信息，即向上部分可理解性。例如，一个只掌握 RDF 和 RDF Schema 语义的代理可部分地解释用 OWL 表达的知识，而无视 RDF 和 RDF Schema 之上的其他成分。②

我们从图 1 - 1 自下向上来看看每一层的功能：

---

① Semantic Web [OL]. [2009 - 07 - 23]. http://www.w3.org/2001/sw/.

② Grigoris Antoniou, Frank van Harmelen. A Semantic Web Primer [M]. Cambridge: MIT Press, 2004.

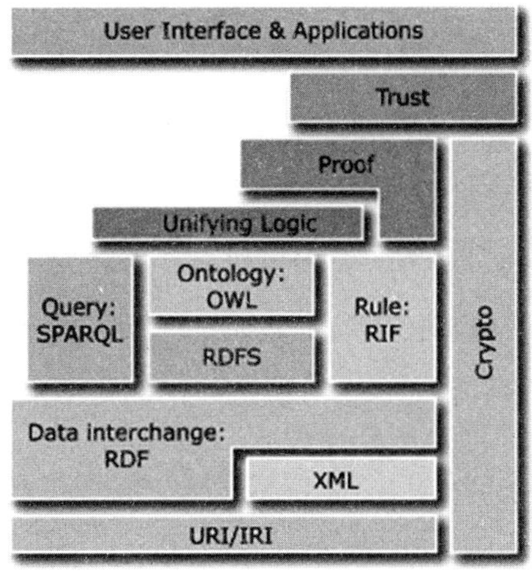

图1-1　语义网的层次结构图①

URI/IRI：URI（统一资源标识符）保证网上资源的唯一。IRI（国际化资源标识符）作为URI的泛化形式，提供的是对语义网资源加以唯一标识的手段。为了能够在顶部层面之中实现对于资源的可验证的操作处理，语义网需要唯一性标识机制。

XML：语法层。XML解决基本语法（common syntax）问题，使每个人都可以创造自己的标签来标注网页或网页的部分文本。XML允许用户为他们的文档添加结构信息，但并没有说明这些结构的含义。只有标签名并不能提供语义，所以在语义网结构中，XML只是作为语法层来为语义网的建立提供语法基础。

RDF/RDFS：数据层。RDF② 利用三元组的方式定义和描述网络资

① 资料来源：http：//www. w3. org/2007/03/layerCake - small. png.

② Resource Description Framework （RDF）［OL］.［2009 - 07 - 19］. http：//www. w3. org/RD F/

源和元数据。RDFS 在 RDF 基础之上为 RDF 提供基本词表，包括类结构定义、属性定义和属性约束等，它是一种原始的本体定义框架。

OWL，Ontology：语义层（本体层）。OWL① 是 RDFS 的扩展，允许声明额外的约束，如基数、取值的限制，或者可传递性之类有关属性的特征。OWL 建立在描述逻辑的基础之上，因而为语义网带来了推理能力。

SPARQL：SPARQL② 可用于查询任何基于 RDF 的数据（也就是说，包括那些涉及 RDFS 和 OWL 的声明）。要从语义网应用程序那里检索信息，查询语言是不可或缺的要素。

Unifying Logic：逻辑层。提供了基于本体层上的智能推理规则和方法，进而得到有用的语义信息。即对于没有显式定义的知识进行推理。

Proof：提供逻辑验证。它跟踪逻辑推理过程，对逻辑推理结果的正确性进行验证。

Trust，Crypto：对下层所有的内容进行数字签名，使得用户信任语义 Web 处理的结果和质量。主要包括：资源来源跟踪（Provenance），资源是谁定义的、在哪里定义的；资源权威度认证（Certification，Authentication），资源是否是权威机构发布的（如果是则可信度高）；资源权限隐私控制（Privacy，Access Control）。

User Interface&Application：作为最后的层面，使人类用户能够使用

① OWL web ontology language reference [OL]. [2009 - 07 - 19]. http://www.w3.org/TR/2004/REC - owl - ref - 20040210/.

② SPARQL Query Language for RDF. [2009 - 09 - 10]. http://www.w3.org/TR/2008/REC - rdf - sparql - query - 20080115/.

语义网应用程序。

从这个框架可以看出本体和语义网的关系：本体是语义网体系结构中的一个层次，语义网利用本体层来解决知识描述和语义问题。通常我们所说的本体层，指的是 OWL 层，而 RDF/RDFS 也能够在一定程度上表达语义，因此也可以说 RDF/RDFS 属于本体层。

对于语义网体系结构中的本体层来说，它只解决它这一层所能解决的问题，而其他关于逻辑和信任的问题都交给本体层的上层来解决。W3C 联盟在制定本体描述语言 RDF 和 OWL 的时候，定位很明确，就是利用 XML 语法定义一种能够描述资源和资源之间关系的基本框架，从而达到知识的重用和共享。RDF/OWL 很好地完成了本层的任务，并为上层提供了实现的基础。然而，RDF/OWL 当初并没有考虑到动态知识和相对知识这些复杂知识形式的问题。这也是本体为什么不能很好地解决动态知识描述问题的原因之一。

（2）语义网中的本体层

语义网中的本体层是为了解决语义网中的语义问题，也是语义网技术里最关键的部分。本体（Ontology）的概念最初起源于西方哲学领域，是“对世界上客观存在物的系统地描述，即存在论”；近年来，随着计算机技术的发展，本体被引入到人工智能、知识工程和图书情报领域，用以解决知识表示、知识共享、知识重用和知识组织体系方面的问题。本体把现实世界中某个应用领域抽象或概括成一组概念及概念之间的关系，构造出这个领域的本体，能够使计算机对该领域的信息处理大为方便。随着本体技术的广泛应用，其定义也被赋予了更多的含义。表 1－1 是本体概念表述的演变。

表1-1 本体概念表述演变

提出时间/人	定义
1991/Neches 等	一个本体给出了构成相关领域词汇的基本术语和关系，以及利用这些术语和关系构成的规定这些词汇外延的规则①
1993/Gruber	本体是概念化的明确的规范说明
1997/Borst	本体是共享的概念化的一个形式化规范说明
1998/Studer	本体是共享的概念化的明确的形式化规范说明
2000/Fensel D.	本体是特定领域中重要概念的共享的形式化的描述
2003/M. Uschold	本体是关于共享的概念模型的协议
……	……

以上不同研究者的定义中，使用最为广泛的是斯坦福大学 Gruber 提出的定义，也是学术界普遍认可、引用度最高的一种定义。即“本体是概念化的明确的规范说明”②。其后，Borst 对该定义做了少许修正：认为本体是共享的概念化的一个形式化规范说明③。德国卡尔斯鲁厄大学的 Studer 等学者对上述两个定义进行了深入的研究，认为本体的概念包含以下四层含义：①概念化（conceptualization）：本体应该是客观世界现象的抽象模型，该模型是通过定义了这些现象的相关概念形成的（其表示的含义独立于具体的环境状态）。②明确（Explicit）：被引

① Robert Neches, Richard Fikes, Tim Finin, Tom Gruber, Ramesh Patil, Ted Senator, William R. Swartout. Enabling technology for knowledge sharing [J]. AI Magazine, 1991, 12 (3): 36-56.

② T. R. Gruber. A translation approach to portable ontology specifications. Stanford University, Tech Rep: Logic-92-1 [R]. USA: Stanford University, 1993.

③ Borst W. N.. Construction of Engineering Ontologies for Knowledge Sharing and Reuse [D]. PhD Thesis, Enschede: University of Twente, 1997.

用的概念所属的上位类与在使用此概念时的限制条件应预先得到明确的定义和说明。③形式化（Formal）：本体应具有精确的数学描述，并具有机器可读性。④共享（Shared）：本体所反映的知识是其使用者共同认可的，是相关领域中公认的概念集，应该被该领域整个群体所接受。①

从以上本体的各种定义和特征描述可见，通常所说的本体只是一种抽象的概念。而语义网体系结构中的本体层是用于描述 Web 信息资源的，是一种具体的技术实现方式，包括 RDF、RDFS 以及 OWL 等本体知识描述技术标准。

实际上，从国内外研究现状里，我们就已经知道除了 RDF/OWL 之外，还有很多其他的知识描述技术，例如 LOOM、Cycl、Ontolingua、OIL、XOL、SHOE 等，它们各有各的特点和适用领域。只是经过了若干年的实践，W3C 最终敲定了基于三元组的描述框架 RDF 和基于描述逻辑的 OWL 作为语义网层次结构中的本体层。

本文的研究范畴是在语义网环境下，而本体分子是对语义网本体（RDF/OWL）的扩展，是一种新型的知识组织工具，所以本文中所提及的“知识”，如果没有特别说明，那么都指的是语义网环境下的知识。

①RDF/RDFS

资源描述框架（Resource Description Framework，简称 RDF）是一个

---

① Studer R.，Benjamins V. R.，Fensel D.. Knowledge engineering，principles and methods［J］. Data and Knowledge Engineering，1998，25（122）：161－197.

用于表达关于万维网（World Wide Web）上的资源的信息的语言。它专门用于表达关于Web资源的元数据，比如Web页面的标题、作者和修改时间，Web文档的版权和许可信息，某个被共享资源的可用计划表等。然而，将“Web资源（Web resource）”这一概念一般化后，RDF可被用于表达关于任何可在Web上被标识的事物的信息，即使有时它们不能被直接从Web上获取。比如关于一个在线购物机构的某项产品的信息（例如关于规格、价格和可用性信息），或者是关于一个Web用户在信息递送方面的偏好的描述。①

RDF用于信息需要被应用程序处理而不是仅仅显示给人观看的场合。RDF提供了一种用于表达这一信息、并使其能在应用程序间交换而不丧失语义的通用框架。既然是通用框架，应用程序设计者可以利用现成的通用RDF解析器（RDF parser）以及通用的处理工具。能够在不同的应用程序间交换信息意味着对于那些并非信息的最初创建者的应用程序也是可利用这些信息。

RDF用Web标识符（称作统一资源标识符，Uniform Resource Identifiers或URIs）来标识事物，用简单的属性（property）及属性值来描述资源。这使得RDF可以将一个或多个关于资源的简单陈述表示为一个由结点和弧组成的图（graph），其中的结点和弧代表资源、属性或属性值。例如，下面的这组陈述“有一个人由http：//www. w3. org/People/EM/contact#me标识，他的名字是Eric Miller，他的电子邮件地址是

① 朱礼军，刘升平，徐涵等. RDF入门推荐标准：W3CHINA. ORG开放翻译计划（OTP）[OL]. [2009-07-20]. http：//zh. transwiki. org/cn/rdfprimer. htm.

em@ w3. org，他的头衔是 Dr. ” 可以用图 1 – 2 来表示。

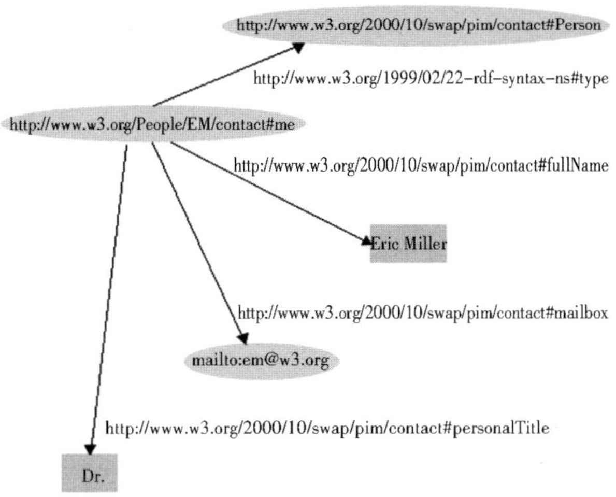

图 1 –2　一个描述 Eric Miller **的** RDF **图**①

RDF 基本概念是资源、属性、陈述（statement）。其中资源是用 Web 标识符（称作统一资源标识符，Uniform Resource Identifiers 或 URIs）来标识的，属性是一类特殊的资源，用来描述资源之间的关系，也是用 URI 标识的，陈述用于描述资源所具有的属性，一个陈述是一个“对象 – 属性 – 值”三元组，由一个资源、一个属性和一个值组成，值可以是资源，也可以是文字（literal）。在三元组表示法中，每个陈述都是由主体（subject）、谓词（predicate）、客体（object）组成的，确切地说，关于事物的陈述中用于识别事物的那部分就叫作主体，而用于区分陈述对象主语的各个不同属性（譬如：作者、创建日期、语种等

① 资料来源：朱礼军，刘升平，徐涵等．RDF 入门 推荐标准：W3CHINA. ORG 开放翻译计划（OTP）［OL］．［2009 – 07 – 20］．http：//zh. transwiki. org/cn/rdfprimer. htm.

等）的那部分就叫做谓词，陈述中用于区分各个属性的值的那部分叫做客体。而且每一个三元组均对应于图中的一条弧，且这个弧的起始节点和终止节点分别是陈述中的主体和客体。①

如上所述，RDF 的概念模型是一张图（graph）。RDF 还提供了一种被称为 RDF/XML 的 XML 语法来书写和交换 RDF 图。与 RDF 的简略记法——三元组（triples）不同，RDF/XML 是书写 RDF 的规范性语法（normative syntax）。以下面这句英文为例：http：//www. example. org/index. html has a creation – date whose value is August 16，1999。

上面这个陈述可以用 RDF 图来表示（其中的 creation – date 属性已指定了 URIref），如图 1 –3 所示

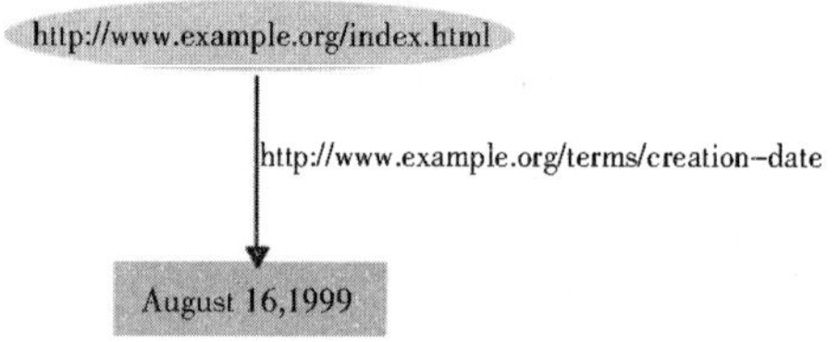

图 1 –3 描述一个网页的创建日期（Creation Date）②

用三元组表示就是：ex：index. html，exterms：creation – date，" August 16，1999" 。下面是该三元组以及图 1 –3 所对应的 RDF/XML 表示法：

---

① 朱礼军，刘升平，徐涵等．RDF 入门 推荐标准：W3CHINA. ORG 开放翻译计划（OTP）［OL］.［2009 –07 –20］. http：//zh. transwiki. org/cn/rdfprimer. htm.

② 资料来源：朱礼军，刘升平，徐涵等．RDF 入门 推荐标准：W3CHINA. ORG 开放翻译计划（OTP）［OL］.［2009 – 07 – 20］. http：//zh. transwiki. org/cn/rdfprimer. htm. .

```
<？xml version =" 1.0"？ >
<rdf：RDF xmlns：rdf =" http：//www. w3. org/1999/02/22 – rdf – syntax – ns#"
xmlns：exterms =" http：//www. example. org/terms/" >
< rdf： Description rdf： about = " http：//www. example. org/index. html" >
<exterms：creation – date > August 16， 1999 </exterms：creation – date > </rdf：Description >
</rdf：RDF >
```

RDF 使用命名特性和值来表达与资源有关的简单声明。但是，在某些情况下，用户希望能够根据需要自定义一些词汇，然后用这些词汇来描述资源。这些词汇表明用户正在描述某种资源，并且会采用某些特定的特性来描述。例如，那些对图书资源比较感兴趣的 RDF 开发人员可能会描述 ex2：Book 或者 ex2：MagazineArtical 这样的类，并使用 ex2：author、ex2：title、ex2：subject 之类的特性来描述这些类。其他的一些应用可能会描述诸如 ex3：Person、ex3：Company 这样的类和 ex3：age 、ex3：jobTitle、ex3：stockSymbol 、ex3：numberofEmployee 之类的一些特性。RDF 本身并不能针对特定应用需求来定义一些类和特性。这些类和特性被称为 RDF 词汇，它们需要通过 RDF 词汇描述语言：RDF Schema（RDF 的一种扩展语言，简称 RDFS）来定义。

RDF Schema 并没有针对特定应用提供诸如 exterms：Tent ，ex2：Book 或者 ex3：Person 这样的一些类或者是诸如 exterms：weightInKg ex2：author 或者 ex3：JobTitle 这样的一些特性词汇。RDFS 只是提供了

描述一种这些类和特性的能力（facilities），并且可以暗示某些类和特性期望合在一起使用（例如，特性 ex3：jobTitle 应该用来描述 ex3：Person）。换句话说，RDF Schema 为 RDF 提供了一个类型系统。RDF Schema 类型系统在某些方面类似于 Java 这样的面向对象编程语言的类型系统。例如，RDF Schema 允许资源被定义为一个或者多个类的实例。另外，RDFS 通常把类组织成为一种分级结构；例如，类 ex：Dog 可以定义为 ex：Mammal 的子类，而 ex：Mammal 又是 ex：Animal 的子类。如果某个资源是类 ex：Dog 的实例，那么隐含意味着它也是 ex：Animal 的实例。然而，RDF 类和特性在某些方面又与编程语言的类型系统有着明显的差异。RDF 类和特性并没有过多束缚资源的描述方式，而是提供了一些关于 RDF 资源的额外描述信息。

RDF Schema 所具有的这些能力本身也是以 RDF 词汇形式提供的。也就是说，这些 RDF 词汇是一组带有特殊含义的、预定义的 RDF 资源。这些资源的（RDF Schema 词汇）URI 带有前缀 http：//www. w3. org/2000/01/rdf－schema#（QName 通常采用前缀 rdfs:）。采用 RDF Schema 语言所定义的词汇描述（schemas）也是合法的 RDF 图。因此，即使一个软件不是专为处理新加的 RDF Schema 词汇而开发的，它仍然可以将 schema 解释为一个包含了各种资源和特性的合法 RDF 图，但是这个软件并不能“理解”新添加的 RDF Schema 术语的内在含义。为了理解新加术语的含义，RDF 软件必须能够处理一种扩展语言。这种扩展语言不仅仅包含 rdf：前缀的词汇，而且还包含了 rdfs：前缀的词汇，以及这些词汇的内在含义。

②OWL

OWL 是一门较之 RDF/RDFS 具有更强机器解释能力的更强大的语言。OWL 能够用于描述 Web 文档和应用中固有的类和类之间的关系。它通过定义类以及类的属性来形式化某个领域，定义个体并说明它们之间的属性，并在 OWL 语言的形式化语义允许的层次上，对类和个体进行推理。

OWL 是语义网活动的一个组成部分。这项工作的目的是通过对增加关于那些描述或提供网络内容的资源的信息，从而使网络资源能够更容易地被那些自动进程访问。由于语义网络固有的分布性，OWL 必须允许信息能够从分布的信息源收集起来。其中，允许本体间相互联系，包括明确导入其他本体的信息，能够部分实现这样的功能。另外，OWL 提出了一个开放世界的假设。也就是说，对资源的描述并不局限于一个简单的文件或范围内。类 C1 本来是由本体 O1 定义出来的，然而，它也可以是由其他的本体扩展出来的。对 C1 进行这样的假设的结果是单调的。新的信息不能否定之前的信息。新的信息可以是和旧的信息矛盾的，但是事实和推导只能被增加而不能被删减。①

OWL 本体主要由三种元素组成：类（Class）、个体（Individual）、属性（Property）。

目前 OWL 语言有两个版本：OWL1 和 OWL2。其中 OWL1 提供了三种表达能力递增的子语言，以分别用于特定的实现者和用户团体：

---

① 刘升平，倪跃，徐涵等．OWL Web 本体语言指南：W3CHINA. ORG 开放翻译计划（OTP）［OL］．［2009－07－20］．http：//zh. transwiki. org/cn/owlguide. htm.

OWL Lite 用于提供给那些只需要一个分类层次和简单约束的用户，是表达能力最弱的子语言。

OWL DL 支持那些需要最强表达能力的推理系统的用户，且这个推理系统能够保证计算的完全性（computational completeness，即所有的结论都能够保证被计算出来）和可判定性（decidability，即所有的计算都在有限的时间内完成）。

OWL Full 支持那些需要尽管没有可计算性保证，但有最强的表达能力和完全自由的 RDF 语法的用户，是表达能力最强的子语言。①

另外，在表达能力和推理能力上，每个子语言都是前面的语言的扩展。这三种子语言之间有如下关系成立，但这些关系反过来并不成立：每个合法的 OWL Lite 本体都是一个合法的 OWL DL 本体；每个合法的 OWL DL 本体都是一个合法的 OWL Full 本体；每个有效的 OWL Lite 结论都是一个有效的 OWL DL 结论；每个有效的 OWL DL 结论都是一个有效的 OWL Full 结论。②

W3C 联盟于 2007 年成立了 OWL Working Group，根据这几年领域知识描述及其应用的需求变化，继续修订和扩展 OWL 本体描述语言，针对 OWL1 在推理方面太过复杂以及某些表达能力的不足，已经制定了 OWL2 版本。OWL2③ 是 OWL1 的延伸和修订，旨在通过本体的发展和共享，使得 Web 内容更容易被机器理解。OWL2 已于 2009 年 6 月 11 日

---

① 陈小平译．语义网基础教程［M］．机械工业出版社，2008.

② OWL web ontology language reference［OL］．［2009－02－10］．http：//w ww. w3. org/TR/2004/REC－owl－ref－2004 0210/.

③ OWL 2 Web Ontology Language：Profiles［OL］．［2009－08－29］．http：//www. w3. org/TR//2009/CR－owl2－profiles－20090611/.

成为 W3C 的候选标准，OWL2 的特点是易于管理、可以为特定的推理机制服务。OWL2 有三个方向：OWL 2 EL 便于有效地对大规模本体进行推理；OWL 2 QL：便于针对大规模数据进行基于数据库技术的合取查询；OWL 2 RL：便于针对 RDF 数据进行规则扩展的有效推理支持。

由以上阐述可知，语义网中的本体层（RDF/RDFS/OWL）在设计时，就存在着先天的不足。RDF 是基于主语、谓语、宾语这样的三元组的描述方式，而 RDFS 和 OWL 都是基于 RDF 之上的扩展。这种数据结构清晰简单，非常容易理解和使用，但是却不太适合描述复杂的动态知识。

例如，对于前面提到的历史领域“政治信仰”问题，对于建立的“eg：政治信仰”的这个属性，“eg：毛泽东”（主语）的“eg：政治信仰”（谓语）是“eg：中国共产党”（宾语），“eg：蒋介石”（主语）的“eg：政治信仰”（谓语）是“eg：中国国民党”（宾语），这些都没有什么问题，因为在任何时候，这两个人的政治信仰都是不变的，也就是说这些知识都是静态知识，适合使用 RDF 来描述。但是对于“叶挺”这个人物来说，他在“1919 年”加入了“中国国民党”，又于“1924 年”加入“中国共产党”。对于这种随时间而变化的动态知识，RDF 无法直接描述。因为 RDF 三元组的主语、谓语和宾语已经用来描述“叶挺”的“政治信仰”了，没有办法对于“1919 年”和“1924 年”这两个时间进行进一步的直接的描述了。如果权宜去掉这两个时间约束，那么使用 RDF 建立的知识就是不完整的。建立知识的时候也存在着两难的境地，是选“中国国民党”还是“中国共产党”作为 RDF 三元组的宾语？即使权宜选择后者“中国共产党”作为宾语，那么对于“1919

年”到“1924年”这个特定时间段，关于“叶挺”的“政治信仰”就是错误的知识描述。

由此可见，动态知识相对复杂的特点与语义网本体简单的知识描述模型产生了矛盾。这也是本体不能很好地描述动态知识的原因之二。

1.3 语义网中现有的解决方案及其不足

W3C在制定RDF/OWL规范的时候，也考虑到某些复杂知识描述的情况，动态知识就是其中重要的一种。因此，W3C也提出基于现有语义网框架的解决方案。但是这些解决方案要么只是理论上的支持而无法实用，要么只是一些权宜之计的设计模式，都无法从根本上解决语义网中的动态知识组织问题。这些现有的解决方案中比较典型的有如下两个。

1.3.1 N－ary关系设计模式

RDF/OWL三元组实质上只能通过“主语、谓语、宾语”来描述二元关系。而在语义网环境下，各领域中，各对象间有很多复杂的关系，有些关系不是二元的，而是多元的。这种多元关系就是N－ary关系。动态知识从另一个角度来看，可认为是对RDF/OWL二元关系的扩展。

W3C联盟针对N－ary关系知识描述问题提出了两种设计模式，其中一种设计模式是“引入新类和关系”（Introducing a new class for a relation）。例如一个陈述“Steve has temperature, which is high, but falling”，这句话表达的是主体“Steve”和客体“体温”之间的关系，然而该关系的实例不能简单地看成是一个二元关系，因为它还有附加的属性。而且是个体“Steve”和他的客体体温的不同事实的复杂表达之间的关系。诸如此类的事例经常会出现在本体演化的过程中，也可看成是动态知识的演变过程中，这个时候我们会意识到需要打破二元关系的束缚，用多元关系来表达知识的这种变化。如果我们简单地用两个属性“has_ temperature_ level”和“has_ temperature_ trend”来连接与主体“Steve”的关系，很快就会发现这两种属性完全解决不了这句话的表达含义，我们需要表达的是：“Steve 体温高但是下降了。”①

可以通过引入新类和关系来对以上知识进行描述，类“Person”（Steve 是该类的一个个体）有一个属性“has_ temperature”，我们为这个属性引入一个关系类“Temperature_ Observation”，类“Temperature_ Observation”的实例是 Temperature_ Observation_ 1，该实例拥有属性值“temperature_ value”和“temperature_ trend”。该描述如图 1 –4 所示。

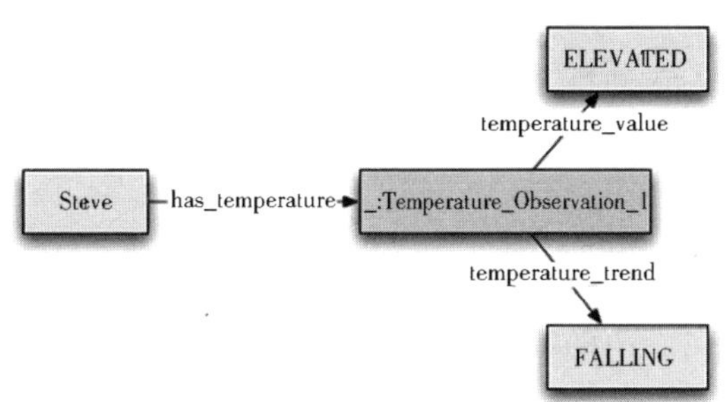

图 1 –4　different aspects of the same relation②

① Definig N – ary Relations on the Semantic Web［OL］.［2009 – 07 – 20］. http://www. w3. org/TR/swbp – n – aryRelations/.

② 资料来源：Definig N – ary Relations on the Semantic Web［OL］.［2009 – 07 – 20］. http://www. w3. org/TR/swbp – n – ary Relations/.

应该说这种设计模式可以从一定程度上解决动态知识的描述问题，而且也得到了学术界和工业界的某些应用项目的采纳。该模式的核心思想就是通过定义新的OWL类来描述复杂的知识关系。但是这些新引入的类和属性，是属于冗余数据，原因就在于该解决方案是试图用RDF三元组的简单结构来描述复杂的动态知识，由于RDF三元组的先天不足，必须引入其他辅助类和属性来间接描述动态知识，这样虽然知识描述的问题解决了，但是却给知识的存储带来了麻烦，进而会影响到知识检索的效率。

1.3.2 动态本体表示语言（Dynamic Ontology Language—DOWL）

尽管OWL提供了强大的表达能力来描述Web上的资源，但是它在描述本体演化上的能力还是不足的。这里本体演化可看成是动态知识的变化。问题不在于OWL表达变化后知识的能力，这与表达变化前的知识没有什么不同，而在于OWL无法表达知识变化前后的语义关系。如果要发挥出语义网的巨大潜能，就必定要处理好不断变化的知识的描述。

John Avery等人根据OWL在动态知识表达能力上的不足，提出了动态本体表示语言（DOWL①）。一个DOWL本体是由一个或多个OWL本体集合而成，而这里的OWL本体包含0个或多个版本的本体，每个版本的本体又可以提供新老版本本体的映射。DOWL本体和OWL本体的

---

① John Avery, John Yearwood. DOWL: A Dynamic Ontology Language [C]. In Proceedings of the IADIS International Conference WWW/Internet 2003, Algarve, Portugal, IADIS (2003): 985 -988.

结构一样，除了在本体头部有一个或多个 dowl：importsAll /dowl：importsNone 元素。dowl：importsAll 元素用来导入除了在 dowl：importsAll 标签中显示定义的元素以外的所有本体元素，dowl：importsNone 则除了 dowl：importsNone 中显示定义的元素外不导入任何本体元素。导入元素包含 0 个或多个表 1 -2 中的元素列表。

表 1 -2 DOWL 中导入元素列表

元素	说明
dowl：removeClass dowl：removeClassRestrictions	这些元素包含一个 rdf：about，该 rdf：about 指向一个应该移除的类； 或者从本体中移除这些元素的约束条件（如果取消这些约束，可以重新界定为正常 OWL 本体的一部分）
dowl：removeProperty dowl：removeRange dowl：removeDomain	这些元素包含一个 rdf：about，该 rdf：about 指向一个应该移除的属性； 或者从本体中移除这些元素的定义域或值域（如果没有了定义域或值域，则可重新界定为正常 OWL 本体的一部分）
dowl：renameClass	该元素包含一个定义了新的类名的 rdf：ID 和一个指向重新命名的类的 rdf：about 元素
dowl：renameProperty	该元素包含一个定义了新的属性名的 rdf：ID 和一个指向重新命名的属性的 rdf：about 元素
dowl：defineAsTransitive dowl：defineAsSymmetric dowl：defineAsFunctional dowl：defineAsInverseFunctional dowl：defineAsNormalProperty	这些元素包含一个 rdf：about 元素，该 rdf：about 元素指向一个重新定义了类型的属性
dowl：coalesceClass *	该元素包含一个定义了新的合成类名的 rdf：ID，而且类 owl：unionOf 被合成到新类中。
dowl：coalesceProperty *	该元素包含一个定义了新的合成属性名的 rdf：ID，而且属性 owl：unionOf 被合成到新的属性中

续表

元素	说明
dowl：divideClass *	该元素包含一个指向被分割的类的 rdf：about，而且原来的类被分割成一个个 owl：unionOf 类单元
dowl：divideProperty *	该元素包含一个指向被分割的属性的 rdf：about，而且原来的属性被分割成了一个个 owl：unionOf 属性单元

DOWL 提出了本体演化的模型，便于自动标识原来的资源信息到新版本的本体中，提供了一种分析本体演化的方法。这样的做法对于描述语义网环境下复杂的动态知识，表达动态知识变化前后的语义关系，在理论上是可行的，但也只是做了些理论上的探讨，并没有给出实际应用的案例。

综上所述，W3C 联盟虽然也考虑了语义网环境下复杂知识的组织问题，提出了一些解决方案，但始终是一些不彻底的折中方案，只能部分地解决语义网中的动态知识组织问题，而且会带来在系统性能、存储空间上的连带问题。目前还缺乏一个全面的、深入的、系统的动态知识组织解决方案，这也正是本文研究的意义所在。

1.4 本体分子理论的提出

由于语义网中现有的技术不能很好地解决动态知识组织问题，因此笔者所在的课题组提出了一种新的知识组织工具：本体分子理论。本体分子理论是我们课题组经过多个项目的实践研究而提出的一种新的解决方案。该方案借鉴了现有解决方案中的精华部分，摒弃了其他解决方案的不足，不仅能够解决语义网中的动态知识组织问题，还能够解决其他方案不能够解决的相对知识及多粒度知识组织问题。

1.4.1 本体分子与其他解决方案的不同

在“1.3 语义网中现有的解决方案及其不足”中介绍了语义网中两种很有代表性的解决方案，并且分析了其不足。其中 N – ary 关系设计模式，是通过引入新的类和属性来描述动态知识的，但是这种解决方案的思路始终是通过 RDF 三元组的简单结构来描述复杂的动态知识，由于 RDF 三元组的先天不足，必须引入其他辅助类和属性，这样虽然解决了动态知识的描述问题，却给知识的存储带来了麻烦；而动态本体表示语言（DOWL）则从理论上提出了本体演化的模型，每个版本的本体可以提供新老版本体的映射，这样便于自动标识原来的资源信息到新版本的本体中，这种方式便于描述语义网环境下复杂的动态知识，并表达动态知识变化前后的语义关系，但也只是做了些理论上的探讨，并没有给出实际的应用案例。

本体分子在解决动态知识组织问题时，充分借鉴了现有方案的精华并摒弃了其不足。在进行动态知识描述时，采用 W3C 推荐的标准化本体描述语言 OWL 来描述本体分子所独有的抽象语义概念，没有引入冗余的类和属性，因此不会给知识的存储带来困难；本体分子的设计，在物理机构上仍然遵循 OWL 原本的设计规范，是在 OWL 规范的基础上进行的扩展，这使得本体分子解决方案对于其他的任何应用都是兼容的；本体分子这种解决方案并不仅仅局限于理论上的探讨，笔者所在的课题组已经成功地将它应用到实际的项目中，并在很多领域进行了推广。

1.4.2 语义网中的相对知识问题

相对知识指的是知识的正确性和真实性是相对于不同情况而言的，并不是绝对的。比如数字图书馆中的文献根据权威度分为核心文献和一般文献。那么对于某些领域知识的阐述，各种文献的说法可能不一样，虽然人们普遍倾向于认同权威核心文献，但是事实上其他各种说法也可能是相对正确的，不能一概而论，特别是对于尚有争议的问题。①

面对相对知识，往往需要根据情况进行取舍，而这种取舍的基础是知识提供者必须要提供各种版本、各种情况的相对知识。基于 RDF/OWL 的本体框架并不提供这些支持，原因在于它基于描述逻辑的“开放世界假设”。“开放世界假设”指的是任何组织任何人都可以建立和发布本体知识，这些本体知识是全局的、开放的，而且是平等的。权威组织和普通个人发布的知识没有任何区别，也没有任何推荐信任机制。正因为如此，现在人们可以自由构建自己所需要的本体，也有许多特定领域都有权威的学术机构在构造各自领域的本体库。由于没有任何推荐的信任机制，所以本体构建本着自然淘汰的原则，在大多数特定领域最终只会留下一些被广泛接受的本体。

目前，在语义网层次结构的框架体系中，从底层向上直至 OWL 的

---

① 董慧，郭立帆．本体解决数字档案馆的动态知识与相对知识中的研究［C］. 2007 第五届信息资源研究研讨会论文集，2007：176－184.

那些技术已经实现标准化并获得认可，可以用来构建语义网应用程序。而对于 OWL 层上层的问题，W3C 联盟还没有制定统一标准，留给其他组织和单位自行开发和研究。因而，随着图中不同层面之间的协调，该层次结构仍在不断地发展演变。

其中，Logic 推理层就是建立在本体层的基础之上，它能够通过定义规则，对于没有显式定义的知识进行推理。也就是说 RDF/OWL 本身并不具备推理功能，需要上层的推理机支持。目前已经开发出来的 RDF 和 OWL 的推理机也非常多，比较有名的有：KAON2，Jena，Racer，Pellet，Vampire 等等。这些推理机没有一个是 W3C 联盟开发的，都是第三方组织或单位根据 W3C 联盟制定的 RDF/OWL 标准开发的推理软件或者 API。这些推理软件大多利用 RETE 算法和 TABLEAU 算法来实现描述逻辑的推理，经过这几年的研究，在推理效率和算法优化上已经研究得非常深入，目前的这些推理软件基本能够满足语义 Web 逻辑层的要求。通过分析语义网国际会议论文 ISWC，ESWC 的研究内容，可以发现 2003 年到 2004 年是本体 Logic 层研究的高峰，而到 2005 年，推理方面的论文逐渐减少。随着技术的不断成熟和推理机的商业化，可以预见语义 Web 推理 Logic 层研究会逐渐降温。而另一个研究热点是位于 Logic 推理层之上的 Trust 信任层。W3C 联盟在设计语义 Web 框架的时候已经预见到本体层的知识描述的不足，这种基于“开放世界理论”的知识描述方式必然会导致相对知识的诸多问题。相对知识的问题实质就是 Trust 信任层所要解决的问题。人们在研究推理 Logic 层之后，必然要进一步研究推理 Logic 层之上的 Trust 信任层的内容，这个思路非常自然，也与 W3C 联盟的设想非常吻合。所以下一个语义 Web 研究热点必然是 Trust 信任层。利用本体分子和本体演化解决 Trust 层的相对知识的问题，是语义 Web 本体发展的趋势之一。

1.4.3 多粒度知识问题

知识管理的粒度是指在知识组织和知识检索过程中所划分的基本知识单元的大小以及描述的粗细，本体作为一种知识组织工具，在知识粒度划分方面面临着两种局面：如果以本体三元组作为基本的知识单元，会显得知识划分太细，导致知识粒度过细，从而会产生语义缺失的问题；反过来，如果以本体库作为基本的知识单元，又会显得知识划分太粗，导致知识粒度太粗，从而会影响到知识的揭示、管理、变化过程的呈现以及灵活利用等问题，所以，现阶段迫切需要一种合适的知识组织工具，能够提供合适的知识单元粒度作为知识组织的基础。①

基于 RDF/OWL 的本体知识组织的基本知识单元是 RDF/OWL 三元组，这种描述粒度较小。虽然这种细粒度的知识揭示与组织方法在一定程度上能够满足细节知识或者局部知识组织与检索的需要，然而却不能满足宏观语义知识块和全局语义知识块的组织与检索的需要，因为一个 RDF/OWL 三元组并不能完整地描述那些知识块的全部语义从而导致了语义缺失的现象。在国家自然科学基金“基于本体的数字图书馆检索模型研究”项目中，我们建立了一个历史领域的知识检索系统，许多用户在使用过程中会提出类似于这样的知识需求：“请问毛泽东的兄弟

---

① 董慧，姜赢，高巾等．基于数字图书馆的本体演化和知识管理研究 I——本体分子理论［J］．情报学报，2009（3）：323－330.

情况?”这个知识单元包含的不仅仅是“毛泽东”“毛泽覃”“毛泽民”三个人物本体实例，还包括他们俩俩之间的“哥哥”或者“弟弟”的本体关系。除此以外类似于这种粗粒度的知识需求还有很多，比如“毛泽东的家谱”这个语义知识单元，其描述粒度与前面“兄弟本体”的例子相比更为宽泛，它实际上是一个包括与“毛泽东”相关的长辈、平辈、晚辈的所有家族成员的人物关系网络。

另一方面，从本体推理的角度讲，也需要相对粗粒度的知识单元作为推理机制，本体推理的本质是通过定义相应的推理规则，根据已有的领域显性知识，推导出隐性知识的过程，然而现有的本体推理机只是针对本体三元组进行推理，推理的结果依然是生成新的本体三元组，在这种推理机制下，其推理结果仍然是属于局部知识或细节知识的范畴，而无法满足对于全局性知识或宏观知识进行语义推理的要求。

在进行知识组织时，划分基本的知识单元除了可以以语义作为划分标准外，还可以通过语用标准来进行划分，这在知识发布管理以及知识隐私权管理中表现得尤其明显：在知识发布管理方面，普通组织发布的知识和权威机构发布的知识应该是有所区别的，让用户自己可以根据具体的使用需求来进行选择；而知识隐私权管理则是指根据用户的不同级别而分配不同的访问权限，不同访问权限的用户可访问的知识类型是不相同的，这种知识划分的标准并不是完全按照语义标准，而是按照用户使用知识的具体情况来划分的，也就是上文所指的语用的划分标准，这种对知识单元的划分，不要求知识单元内部有强烈的语义关系，在语义网环境下，利用本体对动态知识和相对知识的组织非常困难，其重要原因之一就是本体本身并不提供多粒度的知识描述与揭示的机制，这也就导致了本体在语义或语用上无法适应相对粗粒度的知识组织的需求，本体分子恰好提供了一个合适的粒度来描述知识。

1.5 本章小结

本章从语义网中的动态知识问题谈起，通过对语义网体系结构中各层的功能分析以及语义网本体 RDF/OWL 的设计思想的阐述，分析了本体作为新型知识组织工具不能很好地解决动态知识组织的原因。接着有选择性地阐述了语义网中现有的解决方案的不足。最后在前面论述的基础上，提出本体分子理论能够较好地解决语义网动态知识组织的问题。并且进一步阐明了本体分子与其他解决方案的不同。相比语义网中现有的解决方案，本体分子不仅能够解决好动态知识组织问题，还可以解决由于 OWL 本体是基于描述逻辑的“开放世界假设”，本体构建没有任何推荐信任机制，而形成的相对知识问题，也就是语义网体系结构的信任层（trust）的相对知识问题，另外本体分子在解决多粒度知识问题上也具有优势。

2　本体分子理论

2.1　拟解决的关键问题

要构建基于本体分子的动态知识组织模型，首要问题就是作为新型知识组织工具的本体分子到底是怎样的一种技术。可以说本体分子技术的内涵是整个模型构建的理论依据，后续的本体分子库结构、建库工具及动态知识演变过程都是以此为基础的。我们选择本体分子作为动态知识组织的工具，还要弄清楚这种解决方案到底有什么优势。本章拟解决下述关键问题：

（1）本体分子理论的定义是什么？它有哪些特征？本体与本体分子的关系到底是怎样的？

（2）本体分子的形式化描述。

（3）本体分子的结构是怎样的？本体分子包含哪些基本的抽象概念，这些概念间的关系又是怎样的？

（4）本体分子在解决动态知识组织问题时有哪些优势？

2.2 本体分子理论的定义和特征

2.2.1 本体分子理论的定义

分子有化学分子和物理分子，我们这里借用的是物理分子的概念。

物理分子认为：物质是由大量分子组成的。在这里我们所说的分子与化学中分子的含义是不完全相同的，物理分子把构成物体的分子、原子、离子等统称为分子。①

原子的中心是一个微小的由核子（中子和质子）组成的原子核，占据了整个原子绝大部分的质量。离子是原子团或原子由于得失电子而形成的带电微粒。

原子核有聚合与裂变的特性。核聚变是两个轻核聚合成一个较重的核，而核裂变是一个重核分裂成两个较轻的核。

在处理动态知识组织和管理问题的时候，本体属性的变化与物理分子的特性非常类似，本体属性也有不变和可变的特性，不变的特性正如物理分子的原子核，原子核发生了变化其物质本质特性就发生了变化，同样的，本体的根本属性发生变化了，原来的本体也就不复存在了。在动态知识演变过程中，往往会产生知识的突变，即由原来的知识演变成

① 董慧，姜赢，高巾等．基于数字图书馆的本体演化和知识管理研究Ⅰ——本体分子理论［J］．情报学报，2009（3）：323－330.

新的知识，原来的知识仍然存在，这就与核的裂变非常类似，同样的，不同的知识通过演变也可能会合成新的知识，这就类似核的聚合，本体分子概念正是由此而产生的。

所谓本体分子是指在本体基本元素（三元组、本体实例）基础之上，用唯一标识符标注的，根据语用或者语义划分的、无缺失的、最小冗余的本体知识单元。本体分子是在本体基本元素和本体库之间的一个平衡点，它使得相对粗粒度知识管理成为可能。本体分子是动态知识及相对知识组织的一种工具，本体演化可以追踪本体分子的变化过程及其结果。①

2.2.2 本体分子理论的特征

本体分子的特征主要有四点：

首先，本体分子是建立在 RDF/OWL 之上的，并不能脱离现有主流的 RDF/OWL 本体而单独存在；其二，本体分子在划分知识单元的时候，既要保证无语义上的缺失，又要使得知识冗余最小化；其三，本体分子划分的依据是语用或者语义；最后，用唯一的标识符号来标识本体分子，是为了让本体分子在本体整合和本体推理等本体操作中有操作的标识或句柄。②

---

① 董慧，姜赢，苏志军等．基于本体分子的电子政务中档案动态知识管理模型［C］．2007 第五届信息资源研究研讨会论文集，2007：201 - 212.

② 董慧，姜赢，高巾等．基于数字图书馆的本体演化和知识管理研究 I——本体分子理论［J］．情报学报，2009（3）：323 - 330.

2.2.3 本体分子与本体的关系

关于本体的概念，在前面的章节中已经做过详细的阐述，这里只是简要地回顾一下。本体（ontology）是哲学中的一个概念，近年来越来越多地应用于数字资源的描述、组织与管理。人工智能领域经常引用Gruber在1993年的定义“概念体系的规范”（specification of conceptualization），1998年Studer等人在这个定义的基础上对于本体的特点给出了一个较为明确的解释：“本体是对概念体系的明确的、形式化、可共享的规范说明。”① 我们认为：本体是对客观世界的全部或某一部分的概念化和结构化的抽象。

本体从信息客体或信息对象出发，通过建立信息客体之间的概念联系和等级关系，将对信息客体的揭示深入到知识内涵的层次并实现对信息客体内在联系的推理。② 它的主要特点：①本体赋予数据以含义（语义描述的基础）；②本体使实体关系定义显性化；③本体使得计算机理解和处理语义。

本体在知识组织方面确实有一定优势，它能更规范、准确地描述概念含义以及概念之间的内在关联，可以构造丰富的概念间语义关系，形式化能力也很强，同时具有高度的知识推理能力，可以通过逻辑推理获取概念间的蕴含关系，很好地解决知识检索中的查全率和查准率问题及

① Studer R., Benjamins V. R., Fensel D.. Knowledge engineering, principles and methods [J]. Data and Knowledge Engineering, 1998, 25 (122): 161-197.

② 李培，孙琳. 数字图书馆信息资源本体论的构建［J］. 图书情报工作，2003（6）：24-27.

知识的共享和复用等问题。但是仅仅局限于解决绝对知识和静态知识组织的问题，而对于相对知识和动态知识，本体没办法通过描述逻辑进行直接描述，这对于本体在动态知识丰富的领域应用造成了障碍。

本体分子是在本体的基础之上，结合描述逻辑、图论等相关理论，用于解决动态知识及相对知识组织管理和控制的理论。本体分子不能脱离本体单独存在，本体分子只是本体理论的扩展与深化。

2.3 本体分子理论的形式化描述

在 W3C 联盟制定的 RDF 抽象语义标准①中，定义了 U、B、L 三个集合，其中定义 U 为本体库中所有的 URI 本体结点（URI reference）的集合，定义 B 为本体库中所有空白本体结点（RDF Blank Node）的集合，定义 L 为本体库中所有 RDF 文本（RDF Literal）的集合。并且 U、B、L 两两不相交。

定义 V 为 U、B、L 的并集：$V = U \cup B \cup L$

定义 $T = (U \cup B) \times U \times V$ 为 RDF 三元组（RDF Triple）的集合，RDF 三元组 $t \in T$。定义 T 的幂集 G 为 RDF 图（RDF Graph）的集合。

根据上述描述和我们对本体分子的定义，将本体分子形式描述

① G. Klyne and J. J. Carroll. Resource Description Framework (RDF): Concepts and Abstract Syntax [OL]. [2009-07-10]. http://www.w3.org/TR/rdf-concepts/.

如下①:

本体分子核子 c 为: c = func_ c (id_ c, g_ c), id_ c ∈ U, g_ c ∈ G

其中 id_ c 为本体分子核子 c 的唯一标识符, g_ c 表示本体分子核子的范围, func_ c 是 id_ c 和 g_ c 的映射函数。

根据本体分子核子的定义, getId_ c (c) = id_ c, getGraph_ c (id_ c) = g_ c 分别表示本体分子核子标识符与本体分子核子范围的映射函数。

定义 I_ c 为本体分子核子集合 C 的解释, 任何一个本体分子核子 c ∈ C, getId_ c (c) 都应该在解释 I_ c 的词表中, 而且满足: I_ c (getId_ c (c)) = c。

同理:

本体分子中一个离子 o 为: o = func_ o (id_ o, g_ o), id_ o ∈ U, g_ o ∈ G。

其中 id_ o 为本体分子一个离子 o 的唯一标识符, g_ o 表示本体分子一个离子的范围, func_ o 是 id_ o 和 g_ o 的映射函数。

根据本体分子一个离子的定义, getId_ o (o) = id_ o, getGraph_ o (id_ o) = g_ o 分别表示本体分子一个离子标识符与本体分子一个离子范围的映射函数。

定义 I_ o 为本体分子离子集合 O 的解释, 任何一个本体分子离子 o

① 董慧, 姜赢, 高巾等. 基于数字图书馆的本体演化和知识管理研究 I ——本体分子理论 [J]. 情报学报, 2009 (3): 323 - 330.

$\in O$，getId_ o（o）都应该在解释 I_ o 的词表中，而且满足：I_ o（getId_ o（o））=o。

故：

本体分子 m 为：m = func_ m（id_ m，{c，O}），id_ m ∈ U，c ∈ C，o ∈ O。

本体分子理论对动态知识的形式化描述①：

由于本体库结构的局限性，无法描述动态知识变化的过程，将本体分子概念引入后，本体库扩展部分可以存放不同时间点上的知识，我们将时间连接起来作 X 轴，将变化的知识作 Y 轴，于是，构造了一个时间与知识的二维平面空间，即构成了本体分子的演化。其本体分子演化（evolution）的形式描述如下：

me = func_ me（id_ a，t），　　id_ a ∈ A　　t ∈ T

其中 id_ a 为该本体分子中变化的关键属性在时间 t 的值。

通过本体分子演化对动态知识变化过程的形式描述，我们可以看到，任何动态知识的演变都可用 X、Y 轴构成的二维空间来描述。大量信息构成的二维空间，所描述的曲线就是该动态知识变化的规律，若其核变了且曲线也变了，说明原来的知识已演变成另外全新的知识，或是和其他知识交叉的新知识。②

① 董慧，姜赢，高巾等．基于数字图书馆的本体演化和知识管理研究 I——本体分子理论［J］．情报学报，2009（3）：323－330.

② 董慧，姜赢，高巾等．基于数字图书馆的本体演化和知识管理研究 I——本体分子理论［J］．情报学报，2009（3）：323－330.

2.4 本体分子的结构

本体分子的基本模型是进行本体分子的划分和本体演化的依据，而要解决本体分子的基本模型问题就要弄清楚本体分子的结构。

一个本体分子由两个部分组成，即核子和离子。本体分子通过核子来描述知识的不变部分，通过离子来描述知识的可变部分，这种描述能够较好地展现领域中的动态知识的演化结果和演化过程。一个本体分子可以没有离子，但是必须有且仅有一个核子。

本体分子的核有如下几个特点：

首先，核子是本体分子中不可变的属性集合；其二，核子是反映本体所描述的客观世界的全部或某一部分结构化和概念化的真实含义；其三，当核子剧烈运动时，它可裂变为两个或多个分子；当核子很小时，可将多个分子聚合为一个分子；最后，核子是本体分子的一个重要组成部分，当本体描述静态知识时，核子就是本体唯一的组成部分①。

如图 2－1 所示。本体分子是三元组集合，它包括不可变部分——“核子”，也就是图中灰色部分，还包括可变部分——“离子”，也就是图中黄色部分。图中有两个本体分子，它们拥有相同的“核子”，而“离子”不同，属于“同核”本体分子，可以在“同核”本体分子组之

① 董慧，姜赢，高巾等．基于数字图书馆的本体演化和知识管理研究 I——本体分子理论［J］．情报学报，2009（3）：323－330.

间进行本体分子演化。比如“叶挺”的“政治信仰”的例子，图中B和C分别是“叶挺”和“政治信仰”，而D在两个“同核”本体分子中有所不同，一个是“国民党”，一个是“共产党”。可以通过“相对时间”对这两个本体分子进行演化，也就是说在“叶挺”的“政治信仰”这个属性的值是随着时间的变化而变化，这个演化过程比较简单，就只有两个状态，分别用两个本体分子来表示。

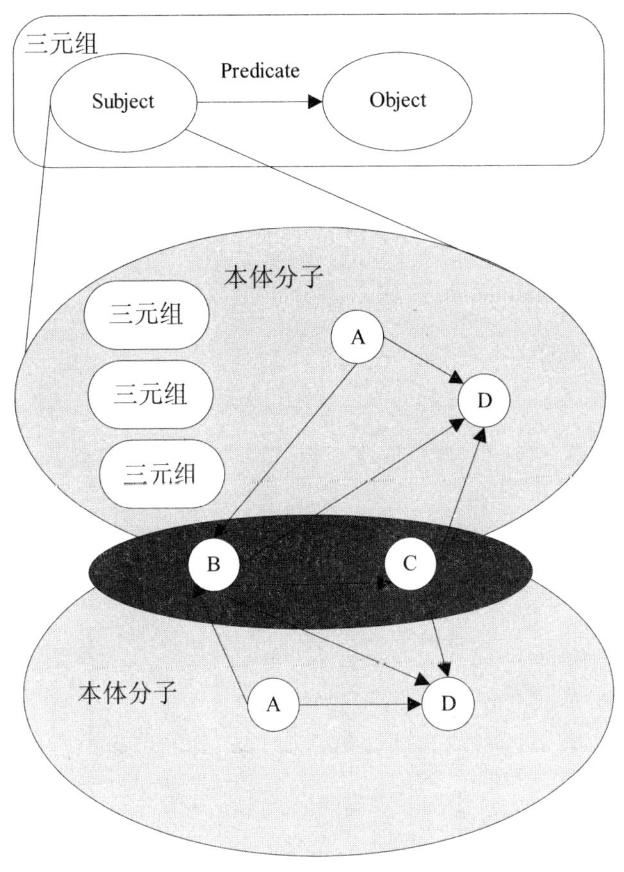

图 2-1 本体分子结构示意图

图 2 – 1 上面部分将一个三元组的主语扩展成一个本体分子，这个是为了解决知识的多粒度控制问题。本体分子结构的计算机实现可以采取“合成模式”设计，能够达到递归组合的效果，从而能够表达嵌套语义的多粒度知识。

2.5 本体分子中基本的抽象概念

在本体分子中定义了一系列基本的抽象概念，用来反映本体分子的基本数据结构，它们是维度（Dimension）、维度容器（DimesionContainer）、本体分子的核（CoreGraph）、本体分子的外围（OuterGraph）、本体分子（OntologyMolecule）和本体分子图（Dgraph）。这些概念间的关系如图 2 – 2 所示。

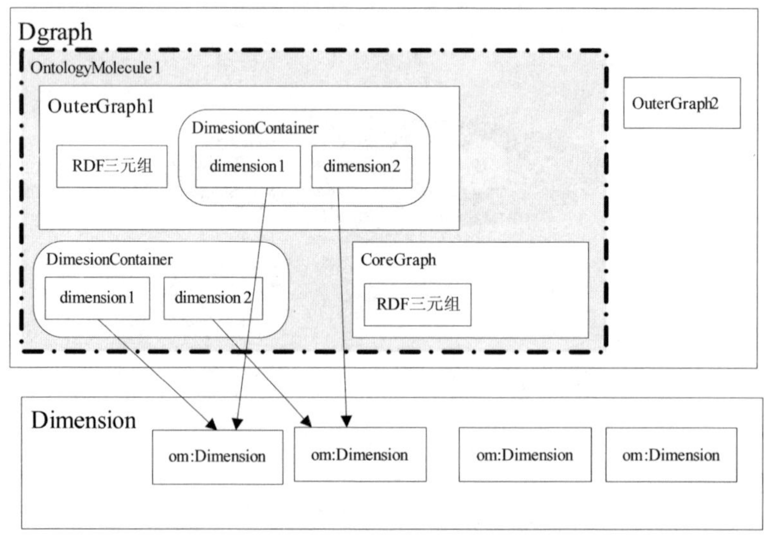

图 2 – 2　本体分子中的基本概念的关系图

本体分子中的维度（Dimension）是在知识本质不发生变化的前提下，用来衡量知识内容随之变化的角度。这些不同的角度分别对应于不同的维度类，每种维度类可以进一步定义它所包含的具体的维度。维度可以是时间、地点，也可以是某个泛化的维度，如机构维，人物维。维度是本体分子理论中衡量知识是否为真的基本手段，是表达知识成立条件的基本工具。只有当查询条件中的维度存在于修饰语句的维度之内时，语句才为真。

若干个从属于不同维度类的维度组成一个维度容器（DimesionContainer）。本体分子中的维度容器是管理维度的对象。维度并不直接与本体分子、本体分子的核或本体分子的外围发生关联，而是通过维度容器与本体分子中的其他对象发生联系。这种设计的原因是因为通常某个动态知识成立的条件是处在一个多维环境下的。比如某个事实是成立于特定的时间段和特定的地理范围。维度容器中可能存在一个或多个维度，也可能不存在任何维度。在验证知识的正确性时，需要逐个验证维度容器中的维度。以维度容器形式描绘的具体约束条件与 RDF 三元组结合，形成的动态三元组就是本体分子知识的最小单元。动态三元组表示 RDF 三元组在特定维度容器下为“真”这样的陈述。

本体分子的核（CoreGraph）是本体分子中的静态知识部分，本体分子核中的知识存在于默认维度容器下或存在某个特殊定义的维度容器下。定义在该维度容器下的知识在任何条件、任何维度下都为真，为静态知识。

本体分子的外围（OuterGraph）是本体分子中的动态知识或相对知

识部分。本体分子外围中的知识成立于某个或某些特定的条件下。与本体分子的外围关联的维度对这个条件或多个条件进行限定。本体分子的外围和本体分子的核之间为函数对应关系。单个本体分子的外围只可能与某一个本体分子的核发生关联，但一个本体分子的核可能与多个本体分子的外围相关联。

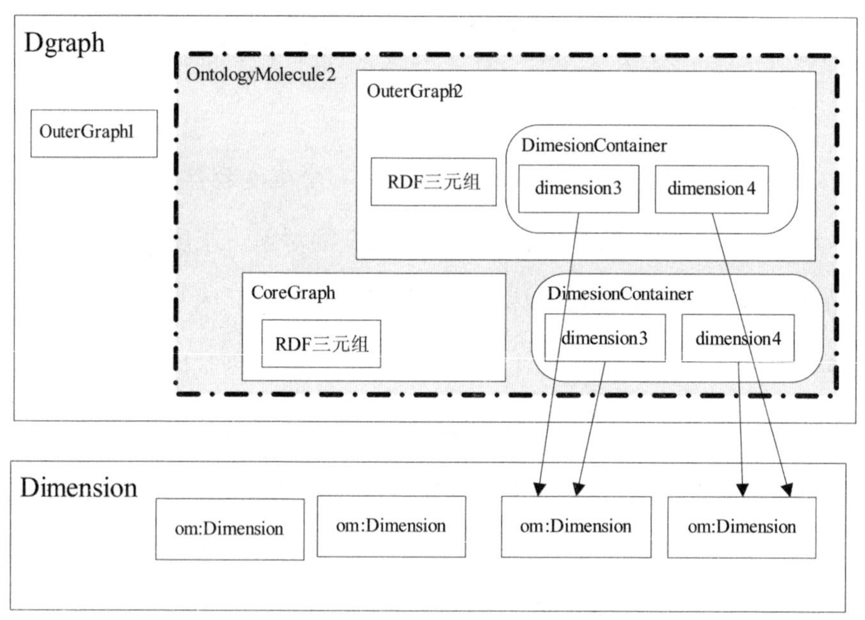

图 2-3　本体分子中的基本概念的关系图

一个本体分子由一个本体分子的核和一个本体分子的外围组成。图 2-2 中本体分子的核（CoreGraph）与其中一个本体分子的外围（OuterGraph1）组成一个本体分子（OntologyMolecule 1），图 2-3 中，还是这个本体分子的核（CoreGraph）与另外一个本体分子的外围（OuterGraph2）组成另一个新的本体分子（OntologyMolecule2），这两个不同的本体分子都与同一个本体分子的核相关联，都有自己的维度容器。

在实际中一个核子可能有多个外围，该核子和每个外围都形成了一个本体分子，一个核子和若干个外围组成了本体分子图（Dgraph）。本体分子图存在于某个特定的维度下，也拥有自己的维度容器。本体分子图的维度取决于本体分子的外围的维度。

2.6 本体分子在解决动态知识组织时的优势

本体分子技术不是一种全新的技术，它是笔者所在团队经过长期的本体开发、研究工作基础上，针对本体技术的某些不足，所提出的对本体技术的一种改进。我们团队是在充分分析了现有其他动态知识组织解决方案的不足并吸取了其他解决方案的精华的基础上，提出本体分子这种新型知识组织工具的。基于本体分子的动态知识组织方案具备一些其他方案所不具备的优势。这些优势集中体现在以下两点：更准确的知识描述，更充分的知识揭示，更灵活高效的知识存储。

（1）更准确的知识描述：本体分子技术具有更强的描述能力，能够描述知识的不变部分即静态知识和知识的可变部分即动态知识，从而扩展了知识描述的范围。本体分子技术要求对语句的成立范围进行进一步的验证，添加维度容器。在添加维度容器的过程中会对知识的正确性进行校验，从而提高知识描述的准确性。

（2）更充分的知识揭示：本体可以描述动态知识，即将变化后的知识映射到本体库，将原来描述的知识覆盖掉，而本体分子不仅能够揭示动态知识演变的结果，而且可以揭示出动态知识演变的过程。

（3）更灵活高效的知识存储：本体分子的设计，在物理结构上依然遵循 OWL 的规范，是在 OWL 规范的基础上进行的扩展，这种设计使得它对于其他的任何应用都是兼容的，在实际操作中，可以灵活选取适当的知识存储方案。另外，本体分子在知识表达时，没有引入新的类和属性，不会产生冗余数据，可以带来高效的存储。

2.7 本章小结

本章从本体分子的定义以及特征谈起，探讨了本体与本体分子之间的关系，笔者认为本体作为新型知识组织工具，确实有些优势，但是对于动态知识丰富的领域还是有些不足。在此分析基础上，笔者又对本体分子理论的形式化描述做了必要的补充。然后分析了本体分子的结构，目的是为了给出本体分子的基本模型，该模型是进行本体分子划分和本体演化的依据。同时还给出了本体分子中基本的抽象概念，并对这些概念及概念间的关联做了详细的说明，最后探讨了本体分子在解决动态知识组织时的优势。

3　基于本体分子的动态知识组织模型构建研究

3.1　拟解决的关键问题

在分析了本体作为新型知识组织工具不能很好地解决动态知识组织的原因并阐述了语义网中现有的解决方案的不足后，我们提出本体分子理论能够较好地解决语义网中动态知识组织的问题，并且单独用一章阐述了本体分子的理论内涵，接下来很自然地就要谈到本体分子是怎么解决动态知识组织的问题的。本章拟解决下述关键问题：

（1）基于本体分子的动态知识组织模型是怎样的？

（2）动态知识组织过程又是怎样的？

（3）本体分子的动态知识采用的是何种描述语言？具体的类和属性有哪些？这些类和属性的相互关系是怎样的？

（4）怎样利用定义好的本体分子的类和属性来描述本体分子相关概念及概念间的关系。

(5) 本体分子持久化的方案有哪些？在实际项目中选取合适的存储方案的依据是什么？

3.2 基于本体分子的动态知识组织模型构建

知识组织是用户检索并获取信息的基础，良好的、深度的知识组织也是向用户提供高质量的、智能的、个性化的、基于内容的知识服务的前提。知识组织的工具随着信息技术的发展不断变化，本体是一种适应知识组织和知识整合需要的新型知识组织工具，可以构造丰富的概念语义关系，形式化能力较强，同时具有很强的知识推理能力，能够通过逻辑推理获取概念间的蕴涵关系，但是正如本文前面所述，基于 W3C 标准的 RDF/OWL 本体，对于动态知识表示的不足，导致了许多动态知识组织工具的出现。本体分子为解决动态知识组织问题提供了一种新的思路。为此，本文提出了基于本体分子的动态知识组织模型。

3.2.1 整体设计思路

在语义网思想发展的初期，人们主要期待的是，希望对现有网络信息资源做语义标注，使得人们能够更方便快捷地找到网络信息。由于描述网络数据的需要，科学家们开发了一系列元数据描述语言，如 RDF/RDFS 等。出于对语义分析进一步细化的需要，科学家制定了本体描述语言（如 OWL），并开发了种种特定领域的本体（Ontology）。最近这十年以来，信息领域的重大事件之一，就是人类已经产生了许许多多的本体。我们可以把这个过程理解成人类知识领域的一个概念标准化运动，这与以前的工业标准化运动具有一样的重大意义。这个运动只需要人们完成一系列基本约定就可以产生巨大的社会效果，就像当年规定“红灯停，绿灯行”等交通规则是一样的道理。虽然现在人们都可以自由构造自己所需要的本体，但许多特定领域都有权威的学术机构在构造这些领域的本体库。本体构造本着自然淘汰的原则，在大多数特定领域只会留下一些被广泛接受的本体。由于大量的本体和元数据的存在，人们发现这些数据本身就是人类知识的巨大资源，这就产生了“Web of data”的思想，即通过这些结构化的知识数据把巨大的网络信息资源连接在一起，构成了人类知识的巨大宝库。① 这些语义网中的资源的组织主要表现在以 RDF 为描述语言的用于表达关于 Web 资源的元数据，如 Web 页面的标题、作者和修改时间等，以及以 OWL 为描述语言的各个特定领域本体，而并不十分关心知识资源本身的动态变化。

本文所关注的是语义网中的动态知识组织问题，这也是面向用户的深度知识组织的需要。早期基于本体的知识组织模型并不能完全解决动态知识问题，所以本文提出了基于本体分子的动态知识组织模型，目的是对动态知识进行整序并向用户提供知识的动态演变过程。在该模型中，知识分为静态知识和动态知识，静态知识的组织还是以本体为依托，而动态知识的组织则以本体分子为依托，本体分子通过核子来描述知识的不变部分，通过离子来描述知识的可变部分，这种描述较好地展

---

① 黄智生博士谈语义网与 Web 3.0. ［2009－07－19］. http：//www. infoq. com/cn/articles/semantic－web－and－web3. 0.

现了领域中的动态知识的演化过程和演化结果。

3.2.2 本体分子动态知识组织模型

本文所设计的基于本体分子的动态知识组织模型，分为知识源层、元数据层、静态知识（本体）层、动态知识层四个层次，如图 3－1 所示。其中动态知识层是本文关注的重点。

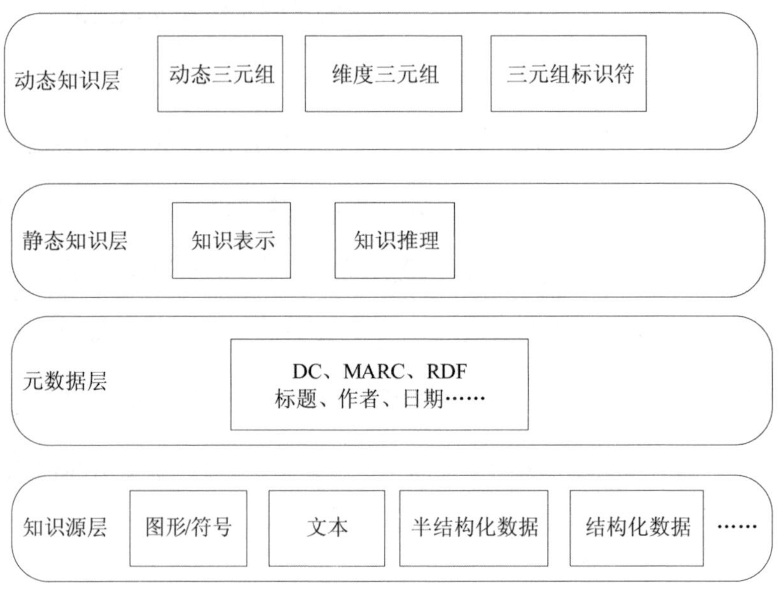

图 3－1 基于本体分子的动态知识组织模型

（1）知识源层位于四层模型的底层。知识源层包括图形、符号、文本、XML/HTML 等半结构化数据、关系数据库/面向对象数据库等结构化数据。在实际项目应用中，我们需要对知识源进行处理。根据特定领域知识源的特征，在领域专家的指导下，进行元数据项的确定，并通过自然语言处理技术，完成领域知识元数据的抽取工作，为下一层做准备。当然，元数据项的设置也是建立在对特定领域知识特征的反复分析之上的。

（2）元数据层处于模型的第二层，元数据是关于数据的数据，而在语义网中通常用元数据来描述数字资源的属性信息。元数据的目标是描述 Web 文档的特征，需要定义基本的描述元素，例如：标题、作者、URI、日期、主题等，并给出相应的语义。元数据能较为准确地描述数字资源，便于用户发现所需要的资源，但无法进一步发掘该资源内所含的领域知识（虽然元数据中的“标题”和“作者”等字段在一定程度上涉及领域知识，但并不能完全表达语义）；另外 XML 和 RDF 的结合，虽然建立了描述层的格式与语法环境，可以实现数据基于语义的描述，但这两个层次都不能赋予数据以语义，即数据的含义和各种数据之间的联系①。描述领域知识并赋之以语义正是本体层所要解决的问题。可以说元数据层为本体层的知识组织奠定了基础。

（3）静态知识（本体）层位于模型的第三层，本体层用来解决领域知识的语义问题，包括知识表示和知识推理两部分。知识一旦以手工或半自动化的方式获取，接着便需要将知识用本体描述语言表示出来。目前 W3C 推荐的本体描述语言有：RDF、RDFS、OWL，它们正逐渐被人们所接受而成为一种标准。另外，基于描述逻辑的本体有其内在的理论体系，可通过数学方法证明其可行性与完备性，是目前一种较好的知识组织的工具。下文提及的概念模型的建立以及本体实例化均对应于该

---

① 常艳．基于本体的数字图书馆知识组织构建模式研究［D］．吉林大学硕士学位论文，2008.

层。利用本体，我们可以描述各个领域的知识，通过这种知识组织工具对领域知识进行组织后，用户检索到的并不是原始的数字资源，而是经过形式化表示的领域知识及知识间的关联；如果说知识表示是通过显示的形式化描述来进行知识组织，那么知识推理就是在其之上找寻一种基于本体的隐性知识的智能推理机制，进而提供知识挖掘的功能。基于本体的领域知识推理可以分为基于领域知识的逻辑检错推理和基于领域蕴涵知识发现的关系推理两种。对本体描述的领域知识进行有效的推理，可以检测出本体构建过程中出现的知识逻辑错误，从而减少了领域本体构建工作量，并且减轻了对领域专家的依赖。特别是可以通过定义推理规则来发现领域蕴涵的隐性知识，光是这一点就有非常重大的意义，它能够在现实的本体库基础上构建庞大的虚拟本体库，通过本体推理规则的定义可以大大丰富领域知识的内涵，本体规则的制定依赖于本体工作者和领域专家的合作。而且基于本体的智能推理有其实现的可行性，并非空中楼阁。具体的推理方式可以根据实际系统的需要进行配置。可选择的推理方式有：OWL 推理、RDFS 推理、传递推理、自定义规则推理、外部推理机制等。常见的具有推理功能的相关工具如 Pellet、Jena、Racer、FACT 等，它们在推理效果与效率方面都有不错的表现。

（4）动态知识层位于模型的顶层，动态知识是本文关注的重点，同时也是知识组织的难点。语义网中存在着大量的动态知识，可以说动态知识无处不在，而本体在语义网层次结构中的功能定位就是解决语义问题，再者 RDF/OWL 的设计都是基于简单的三元组，从以上两点可知，虽然 RDF/OWL 本体在描述静态知识方面有一定的优势，然而在动态知识描述方面却难以胜任。本体分子作为一种新的知识组织工具，是在本体基础上的扩展，为解决动态知识组织问题提供了一种新的思路。本体分子将静态知识作为一个本体分子的核，而动态知识围绕在核的周围来共同构成一个本体分子。这样有效地将静态知识和动态知识区别开来。对于动态知识也有不同的理解，David Taniar 和 Johanna Wenny Rahayu 对动态知识发现做如下定义：动态知识发现是指分布式系统中的每一个节点在给定时刻在给定目标集中查找那些最能满足某种特定需求的信息资源的能力①。这种理解是从形态和分布上理解动态信息，而四层模型中的动态知识和静态知识是从内容上对知识进行的分类。另外，我们还需弄清楚基于本体分子的动态知识层具体包含哪些内容，笔者根据本体分子的理论内涵以及具体的项目实践，对动态知识层的内容进行了归纳，主要包括：动态三元组、动态三元组标识符（也就是后文的动态三元组 ID）、本体分子所包含的抽象概念（如维度、维度容器、本体分子的外围等等）及其实例。

从上面的模型可见，模型的下面三层（即知识源层、元数据层、静态知识层）实际上是基于本体的静态知识组织模型，该三层通过不同的层面对知识进行组织，在实际的应用系统中，可以三者同时使用，也可以根据需要有所侧重，例如本体层中的知识推理的部分可根据实际项目的需求，可指定强弱不同的推理规则。如果实际项目中涉及动态知识的组织问题，则第四层即动态知识层是必不可少的。

接下来，我们重点探讨一下动态知识组织的过程。

---

① David Taniar, Johanna Wenny Rahayu. Web Semantics Ontology [M]. Idea Group Publishing, 2006.

3.3 基于本体分子的动态知识组织过程

从知识源到动态知识库，动态知识组织主要经历着动态知识获取、维度抽取、动态知识表示、动态知识存储等过程，如图 3－2 所示。

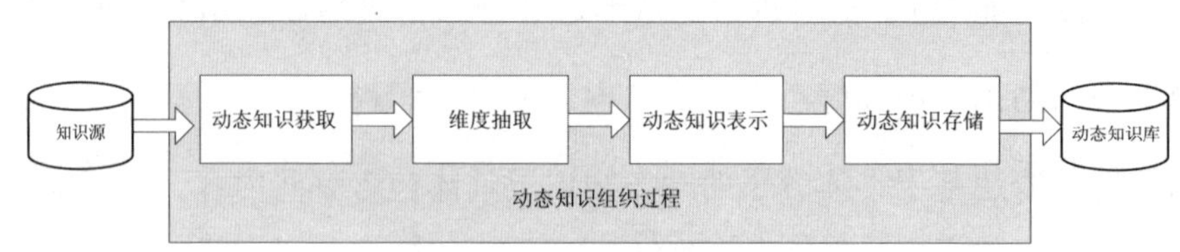

图 3－2 动态知识组织过程

（1）动态知识获取。知识获取是指知识从外部知识源到计算机内部的转换过程。就是如何将一些问题求解的知识从专家的头脑中和其他知识源中提取出来，并按照一种合适的知识表示方法将它们转移到计算机中。① 这个定义可以自然地移植到动态知识获取中来，动态知识获取就是要将特定领域内未经组织的各类动态知识（显性知识）和存在于人脑中的专家技能（隐性知识）转化为直接可复用、可检索形式的知识。长期以来，动态知识获取主要靠计算机专家或领域专家对话的形式手工方法来逐个挖掘出知识的动态变化。随着本体研究的深入，出现了一些较好的半自动、自动甚至智能化的知识获取方法。需要说明的是，

① 韦于莉．知识获取研究［J］．情报杂志，2004（4）：41－43.

这些知识获取方法是领域独特的，不同领域根据自身知识特征选择适当的自然语言处理技术来获取知识。

（2）维度抽取。动态知识的特点就是知识并不是永远正确的，只是存在于一定的条件下。而维度是本体分子理论中衡量知识是否为真的基本手段，是表达知识成立条件的基本工具。只有当查询条件中的维度存在于修饰语句的维度之内时，语句才为真。比如“武汉大学校长是顾海良”，这条语句并不是永远成立。影响到这条语句成立与否的关键变量是时间，时间就是这条语句的维度。只有加上时间维度的限定才可以保证该语句的正确性。本体分子维度的确定过程也是静态知识和动态知识的区分过程。若本体分子中定义的所有维度都不影响到三元组表达的知识的正确性，则该三元组表达的为静态知识。

维度抽取的方法是结合常用维度（如时间、地点、观点表达人等）的基础上，针对冲突语句，手动地确定维度类型。不同的领域可能会提出不同的本体分子维度。

（3）动态知识表示。本体分子通过核子来描述知识的不变部分，通过离子来描述知识的可变部分，离子就是分子中核外的变化部分。本体分子的外围知识的表示依然遵循 OWL。在实际操作中就是为静态知识添加相应的维度，维度并不直接与本体分子、本体分子的核或本体分子的外围发生关联，而是通过维度容器与本体分子中的其他对象发生联系。因此动态知识的表示，就是将动态知识以及与之相关的维度类、维度容器用 OWL 语言表示出来。

（4）动态知识存储。本体分子的技术是以 RDF/OWL 为基础，是 RDF/OWL 在动态知识描述上不足的技术扩展。本体分子有自己的基本元素，如维度、维度容器等抽象的语义概念，这些抽象的语义概念是对RDF/OWL 语义和结构的扩展。本体分子与 RDF/OWL 的这种既依赖又扩展的关系，要求本体分子在技术实现上也要充分考虑到这一点。在选择本体分子持久化服务器的时候，需要选择那些既支持 RDF/OWL 三元组结构持久化又提供扩展字段的服务器，例如 AllegroGraph① 本体服务器。该服务器引入了第五元结点来扩展三元组的逻辑结构。AllegroGraph RDFStore 是一个现代化、高性能、持久 RDF 图数据库。它使用基于磁盘的存储，使之扩展到可以存储数十亿的三元组，同时保持卓越的性能。

3.4　本体分子中的动态知识描述

在“2.5 本体分子中基本的抽象概念”中介绍了本体分子所包含的基本概念以及概念间的关系，但只是给出了其抽象的概念。如“维度”表示在知识本质不发生变化的前提下，用来衡量知识内容却随之变化的角度，“本体分子的外围”是本体分子的动态知识部分，本体分子外围中的知识成立于某个或某些特定的条件下，与本体分子的外围关联的维度对这个特定条件进行限定。这些概念并不能直接投入到应用中，因此需要通过知识描述工具来描述和表达这些概念，使得计算机程序能够处理这些概念。

---

① AllegroGraph [OL]. [2009 - 05 - 10]. http://agraph.franz.com/allegrograph/.

OWL 是 W3C 推荐标准的基于描述逻辑的本体描述语言，具有强大的机器解释能力和表达推理能力。本体分子采用 OWL 来描述本体分子的各个概念（即 OWL 类）以及概念间的关系（即 OWL 属性）。

3.4.1 本体分子的 OWL 类

OWL 中的所有个体都是类 owl：Thing 的成员。因此，各个用户自定义的类都是 owl：Thing 的一个子类。要定义特定领域的类，只需将它们声明为一个具名类（named class）即可。除了描述类，我们还希望能够描述类的成员。我们通常认为类的成员是我们所关心的范畴中的一个个体（而不是另一个类或属性）。要引入一个 OWL 个体（individual）或者 OWL 实例（instance），只需将它们声明为某个类的成员。

本体分子所包含的是比较复杂的语义概念，用来描述动态知识，需要仔细分析概念的特征才能准确地划分 OWL 类以及 OWL 类的实例。本体分子的 OWL 类的列表及其含义，如表 3－1 所示：

表 3－1 本体分子的 OWL 类列表

OWL 类 URI	OWL 类的含义
om：OntologyMolecule	对应于“本体分子类”，可以有子类，其实例为具体的“本体分子”
om：DimensionContainer	对应于“维度容器类”，没有子类，其实例为具体的“维度容器”
om：Dimension	对应于“维度类”，其子类为不同类型的“维度类”，其实例为从属于某个“维度类”的具体“维度”
om：Dgraph	对应于“本体分子图类”，可以有子类，其实例为具体的“本体分子的核或外围图”

例如，时间维度类可以定义为“eg：TimeDimension”、人物维度类可以定义为“eg：PersonDimension”，它们是“om：Dimension”的子类。又如，一个具体的时间维度可以定义为“eg：Y2007”，它是“eg：TimeDimension”的实例，表示“在2007年”。

除了表3-1中列出的四个OWL类之外，根据本体分子的理论内涵，每个本体分子都有一个唯一的标识符来标识它，这个标识符，我们将它称之为“动态三元组ID（dstatement-id）”。动态三元组ID不仅可以用来唯一识别一个动态三元组，而且可以通过它来与其他三元组进行关联，便于动态三元组的引用。这个设计类似于关系数据库中的主键，主键的值本身没有什么意义，但可以通过主键来建立主键所在的表与存放在其他表中的数据的关联。实际设计中，是通过动态三元组ID建立动态三元组和Dgraph之间的关系，以及动态三元组和维度容器之间的关系。这种设计方式与RDF三元组的知识表示框架不兼容，因为RDF中并没有三元组ID的知识表示方式。所以本体分子并不能完全用RDF/OWL这种方式来表示，必须使用其他的持久化机制来存储。由此可见，本体分子既建立在语义网RDF/OWL本体基础之上，不能脱离RDF框架，但又不完全是RDF/OWL。本体分子在某些重要的设计实现上对其进行了扩展，以达到对语义网环境下动态知识表示的目的。

另外这种设计方案在实际中也是可行的，目前主流的RDF存储服务器大多都提供了额外的字段给用户进行扩展。在“3.2.3动态知识组织过程”中介绍了动态知识存储，在选择本体存储服务器时要充分考虑到其扩展能力，其中AllegroGraph服务器提供两个额外的字段，共五个字段，是一个不错的选择。

3.4.2 本体分子的 OWL 属性

OWL 有两种属性：对象属性（ObjectProperty），是指将对象相互关联的属性；数据类型属性（DatatypeProperty），是指将对象与数据类型值相关联的属性。① 在定义一个 OWL 属性时，可以通过指定定义域（domain）和值域（range）来对二元关系进行限定。

表 3-2 本体分子的 OWL 属性列表

OWL 属性 URI	属性类型	定义域（Domain）	值域（Range）
om：hasDimensions	对象属性	om：Dimension Container	om：Dimension
om：has Dimension-Container	对象属性	om：Dgraph	om：Dimension Container
om：hasCoreGraph	对象属性	om：OntologyMolecule	om：CoreGraph
om：hasOuterGraph	对象属性	om：OntologyMolecule	om：OuterGraph
om：hasDstatements	数据类型属性	om：Dgraph	dstatement-id
om：applys Dimension-ContainerTo	数据类型属性	om：Dimension Container	dstatement-id

本体分子的 OWL 属性定义，如表 3-2 所示。其中对象属性“om：

① Grigoris Antoniou, Frank van Harmelen. A Semantic Web Primer [M]. Cambridge: MIT Press, 2004.

hasDimensions”定义了维度容器和维度之间的关系。对象属性“om：hasDimensionContainer”定义了Dgraph和维度容器之间的关系。动态三元组和维度容器之间的关系并不是通过对象属性建立，而是通过数据类型属性“om：applysDimensionContainerTo”建立。因为动态三元组通过动态三元组ID来表示它的引用，而动态三元组ID本身是数字或字符串，并不是某个OWL的实例，所以只能够通过数据类型属性来定义关系。数据类型属性“om：hasDStatements”定义了Dgraph和动态三元组之间的关系。另外，对象属性“om：hasCoreGraph”定义了本体分子和本体分子的核之间的关系。对象属性“om：hasOuterGraph”定义了本体分子和本体分子的外围之间的关系。需要指出的是维度类也是可以有属性的，但是它的属性是和领域相关的，是面向具体的应用的，所以在这里没有定义。

3.4.3 本体分子中抽象概念的具体描述

下面简要介绍一下用以上定义的本体分子的类属结构描述本体分子中的相关概念及概念关系。

①维度容器，对应于“om：DimensionContainer”类，设计这个类是考虑到动态知识的复杂性，某个动态知识的成立条件可能是与多个维度相关，如某个知识的成立同时与时间维度和人物维度相关，具体描述如下：

eg：*DC*_ 0305_ *time rdf*：*type om*：*DimensionContainer*

eg：*DC*_ 0305_ *time eg*：*hasDimensions eg*：*timeDimension*1 *eg*：*DC_* 0305_ *time eg*：*hasDimensions eg*：*personDimension*1

eg：*timeDimension*1 *rdf*：*type om*：*Dimension*

②本体分子，对应于“om：OntologyMolecule”类，这个描述很简单。

eg：*work_* 1 *rdf*：*type om*：*OntologyMolecule*

③本体分子的核和本体分子的外围的描述与“om：Dgraph”类相关，在实际操作中，在“om：Dgraph”类下定义了两个实例“om：CoreGraph”和“om：OuterGraph”，每个子类都是多个陈述语句的集合。具体描述如下：

/＊ 本体分子的核 ＊/

eg：*work_ core rdf*：*type om*：*DGraph*

eg：*work_* 1 *eg*：*hasCoreGraph eg*：*work_ core*

/＊ 本体分子的外围 ＊/

eg：*work_* 1_ *outer rdf*：*type om*：*Dgraph*

eg：*work_* 1 *eg*：*hasOuterGraph eg*：*work_* 1_ *outer*

④Dgraph，是有关本体分子的核和一个或多个本体分子的外围的陈述的集合，在本节本体分子的属性描述中曾经介绍了多个属性都与之相关，如“om：hasDstatements”定义了 Dgraph 与动态三元组之间的关

系，有关该概念的具体描述如下：

/＊ 给动态三元组，加上动态三元组 ID，该 ID 为字符型 ＊/

<eg：DC_ 22345_ entry5 eg：belongsTo eg：DC_ 22345 >，" 01012"

/＊通过动态三元组 ID 建立了动态三元组与 Dgraph 的关系 ＊/

<eg：work_ 1_ outer eg：hasDStatements " 01012" >

/＊ Dgraph 也被特定的维度容器约束 ＊/

< eg：work_ 1_ outer eg：hasDimensionContainer eg：DC_ 0305_ time >

/＊ 通过动态三元组 ID 建立了维度容器和动态三元组之间的关系 ＊/

<eg：DC_ 0305_ time eg：applysDimensionContainerTo " 01012" >

3.5 本体分子中的动态知识存储

语义网的应用需求大大促进了本体存储管理工作的发展，目前基于本体存储主要有基于内存、基于文件系统以及基于数据库三种方式。

（1）基于内存的存储方式。这一类的本体数据管理工作的特点是将本体数据全部导入到内存中，按照某种结构进行组织；在内存里执行数据的查询操作。此方法具有很高的运行效率，但只能处理有限规模的数据。

（2）基于文件系统的存储方式。该方式实现起来比较简单，很多本体相关工具都支持对文件格式的本体进行存取。但是，这种方法不仅效率低，而且很难适应较大数据量的情况。基于文件系统的存储方式一般只适用于规模比较小的本体，对于规模比较大的本体需要大量的内存管理工作，而对于直接以 XML 格式这样一种树形结构组织的文件来表示的 RDF 数据，当文件很大时，要把握 RDF 模型数据全局的结构，必须通过对文件进行反复的扫描，大量的数据换进换出工作，对系统的效率是一个很大的考验。①

（3）基于数据库的存储方式。这里面又分为两种：一种是关系数据库存储方式，关系数据库并不是存储本体的最好方式，因为本体含有丰富的语义信息，其内在逻辑性比关系模式复杂得多。但是，数据库开发研究历史较长，相关工具软件较多，相应技术比较成熟，适合大规模数据存储，效率高、易管理、便于查找。但仍存在少量语义方面的问题。MySQL、PostgreSQL 等开源关系数据库以及商业数据库 Oracle 11g 都支持 RDF/OWL 本体的存储。另一种是图数据库存储方式，这种存储方式是近十年随着本体技术的发展而发展起来的，这种存储方式目前没有统一的工业标准，主要是根据特定的项目需求而设计的有针对性的存储方式，采取这种存储方式的不同数据库在查询能力、效率、推理能力以及存储规模上都有很大的差异，典型的这类数据库有 RDFStore②、

① 鲍文，李冠宇．本体存储技术研究［J］．计算机技术与发展，2008（1）：146－150.

② RDFStore［OL］．［2010－01－14］．http：//rdfstore. sourceforge. net/.

4store①、AllegroGraph RDFStore② 等。

上节已谈到在选择基于本体分子的动态知识存储方案时，既要考虑到本体分子对 RDF/OWL 的依赖还要考虑到它对 RDF/OWL 的扩展，既要考虑到存储效率还要考虑到语义缺失及语义推理问题。由于基于内存及文件的存储方式都不适合大规模的数据存储，所以本文重点考虑了本体分子的数据库存储方式。下面分别针对基于 Oracle 关系数据存储方式和基于 AllegroGraph RDFStore 的图数据库存储方式做详细的介绍，这两种方式也是我们在项目中实际考虑的存储方式。

3.5.1 基于 Oracle 的存储方式

Oracle Spatial 11g③ 是 Oracle 数据库 11g 企业版的一个选件，该选件的一部分提供了任何其他商业或开源的三元组存储中都找不到的高级语义数据管理功能。由于该语义数据存储自身支持 RDF/RDFS/OWL 标准，因此它使应用程序开发人员在构建基于 RDF 和 OWL 的应用程序时可以获益于一个开放、可扩展、安全、集成、有效的平台。这些语义数据库特性实现了④：

●对 RDF/OWL 数据和本体的存储、加载和 DML 访问。

●使用 OWL 和 RDFS 语义以及用户定义的规则进行推理。

---

① 4store [OL]. [2010-01-14]. http://4store.org/.

② AllegroGraph RDFStore [OL]. [2009-05-10]. http://www.franz.com/agraph/allegrograph/.

③ Oracle Database 11 g [OL]. [2009-07-22]. http://www.oracle.com/technology/products/database/oracle11g/index. html.

④ 语义技术中心 [OL]. [2009-07-22]. http://www.oracle.com/technology/global/cn/tech/semantic_ technologies/index. html.

●使用类似于 SPARQL 的图形模式对 RDF/OWL 数据和本体进行 SQL 查询。

●对企业（关系）数据的本体辅助查询。

一起来看一下 Oracle 官方网站提供的语义技术支持框架，如图 3 - 3 所示。

Oracle 11g 语义技术提供了对 RDF/OWL 数据的存储、推理及查询的支持①：

●可以通过 bulk - load、batch - load 或 SQL 的 INSERT 语句存储 RDF/OWL 数据，当然也可以执行任何 DML（数据操纵语言），如 UPDATE、DELETE 对存储的数据进行更新或删除操作。

●可以利用 Oracle 自身的推理引擎进行推理，它支持 RDFS + +（是对 RDFS 的一个最小扩展，只增加了两个词汇）、OWLSIF（对 OWL 进行 IF 语义的扩展）和 OWLPrime（是 OWL DL 的一个非常大的子集）的词汇及其相关推理规则。另外也可以用户自定义规则，用户可以扩展 Oracle 11g 的语义推理能力。集成 Oracle 的 Jena 插件，通过这个，它就实现了对全部 DL 的推理机制。

●不仅可以利用 SEM_ MATCH 表函数通过 SQL 对 RDF/OWL 数据进行查询，通过 Jena 插件还支持基于 SPARQL② 的数据查询。另外从图中可以看出还支持基于本体辅助的关系数据查询。

① Oracle Database Semantic Technologies Feature Overview [OL]. [2009 - 07 - 22]. http: //www. oracle. com/techno logy/tech/semantic_ technologies/index. html

② SPARQL Query Language for RDF [OL]. [2009 - 07 - 13]. http: //www. w3. org/TR/2005/WD - rdf - sparql - query - 20050217/.

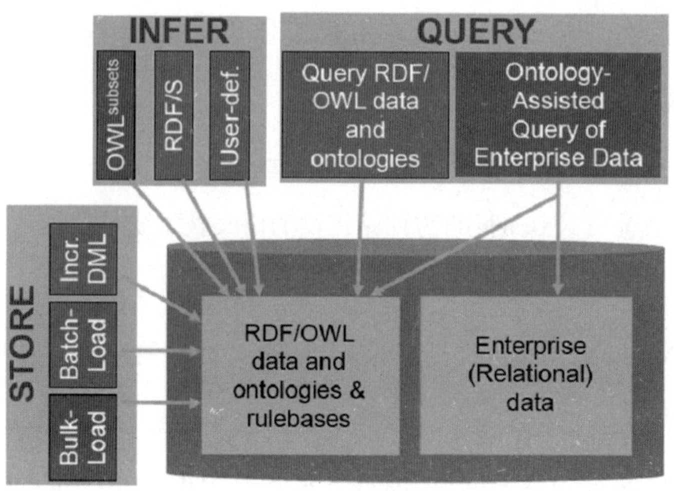

图 3－3　Oracle 语义技术支持框架图①

Oracle 在存储规模上支持数十亿的三元组存储，在查询效率上也是很高的。Oracle 公司还集成了多个第三方合作伙伴的语义技术处理工具，而且其语义技术实现方式完全基于 W3C 的标准，如 RDF、RDFS、OWL 推荐标准以及基于 Jena 的 SPARQL 查询等。Oracle 公司本身也是 W3C 语义网活动组成员，同时有工程师参加到 W3C SPARQL Working Group ②(DAWG)、W3C OWL Working group③、W3C Semantic Web Rules

① 资料来源：http：//www. oracle. com/technology/tech/semantic _ technologies/index. html.

② SPARQL Working Group［OL］.［2010－01－10］. http：//www. w3. org/2009/sparql/wiki/Main_ Page.

③ OWL Working Group［OL］.［2009－07－19］. http：//www. w3. org/2007/OWL/wiki/OWL_ Working_ Group .

Language [1](SWRL)、W3C Semantic Web Education & Outreach [2] (SWEO) Interest Group、W3C Multimedia Semantics Incubator group[3] 等工作组中参与语义网研究。以上种种原因，使得 Oracle 不仅在关系数据库市场独领风骚（据 Gartner 公司发布的 2008 年全球 RDBMS 市场份额报告中，Oracle 数据库占据 48.9% 的市场份额[4]），而且使得 Oracle 在 RDF/OWL 本体数据存储方面占据了发展先机，成了很多语义网项目和应用的本体数据存储服务器。

由于 Oracle Spatial 11g 对 RDF/OWL 三元组数据存储、推理及查询的支持，而本体分子是对语义网本体技术的扩展，用本体分子技术所描述的动态三元组是 RDF 三元组在特定维度容器下为“真”这样的陈述，动态三元组和维度容器之间的关系是通过动态三元组 ID 来建立的，动态三元组 ID 本身是数字型或字符型数据，可以作为 Oracle 数据库一个表中的主键来存储，通过该主键（即动态三元组 ID）不仅可以用来唯一识别一个动态三元组，而且可以通过它来与其他三元组（如维度容器三元组、Dgraph 三元组）进行关联，便于动态三元组的引用。所以 Oracle 是可以作为本体分子中动态三元组及 Dgraph 的存储。现有的很多本体构建工具，如最常用的 protégé，都直接支持这种关系数据库存储方式。

---

① Semantic Web Rules Language [OL]. [2010－01－12]. http://www.w3.org/Submission/SWRL/.

② Semantic Web Education & Outreach Interest Group [OL]. [2010－01－12]. http://www.w3.org/2001/sw/ sweo/

③ Multimedia Semantics Incubator group [OL]. [2010－01－12]. http://www.w3.org/2005/Incubator/mmsem/.

④ Oracle is the #1 Relational Database [OL]. [2009－07－29]. http://www.oracle.com/database/number－one－databa se.html.

需要指出的是，以上阐述只能说明 Oracle Spatial 11g 为本体分子库的存储提供了一种方式，但在实际项目应用中，是否选择该种存储方式，需要根据语义关系的丰富程度而定，对于简单语义关系的知识存储可以考虑使用这种存储方式。

3.5.2 基于 AllegroGraph 的存储方式

上节介绍过 AllegroGraph RDFStore（简称 AllegroGraph）是 Franz 公司开发的现代化、高性能的 RDF 持久化数据库。AllegroGraph 支持 SPARQL、RDFS + + 以及 Prolog① 推理。另外 AllegroGraph 还提供一个免费的 Java 版本，可以支持五千万级 RDF 三元组的应用。需要说明的是，AllegroGraph 并不限于只能存储基于 RDF 的三元组。事实上，我们可以通过将节点看作主语和宾语，将边看作谓词并且为每条边创建一个三元组的方式表达任何图数据结构。graph 字段可以用作存储附加的、特别的应用信息，这样的话，AllegroGraph 成了强大的面向图的数据库。

AllegroGraph 三元组存储的逻辑结构如图 3 -4 所示：

① Prolog [OL]. [2009 -07 -10]. http：//en. wikipedia. org/wiki/Prolog.

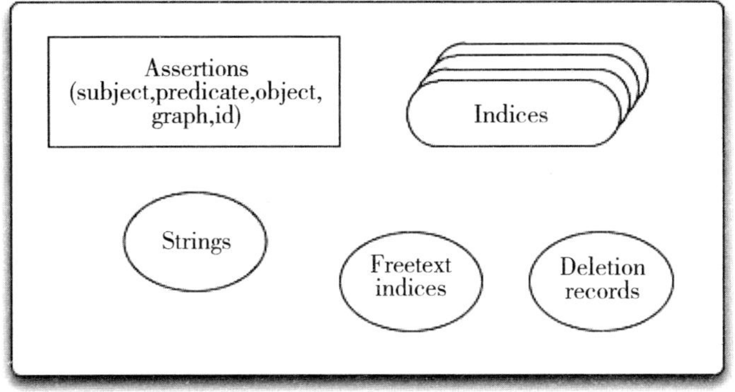

图 3 -4 AllegroGraph 三元组存储的逻辑结构图①

●AllegroGraph 中的 RDF 三元组是以断言（Assertion）作为逻辑单位来存储的。而每个断言是由五个字段组成的，包括②：

（1）主语［subject（s）］：对应于 RDF 三元组的主语。

（2）谓语［predicate（p）］：对应于 RDF 三元组的谓语。

（3）宾语［object（o）］：对应于 RDF 三元组的宾语。

（4）扩展字段［graph（g）］：任意扩展字段，可用也可以不用。

（5）断言 ID［triple - id（i）］：AllegroGraph 保留字段，用于表示断言 ID。

●所有 s，p，o 和 g 都是任意大小的字符串，当然，这种方式对于存储重复的字符串效率是很低下的，因此这里给了每个唯一的字符串一个 UPI（Unique Part Indentifier）号。字符串词典用来管理这些字符串和

① 资料来源：http：//www. franz. com/agraph/support/documentation/current/agraph - introduction. html.

② 资料来源：http：//www. franz. com/agraph/support/documentation/current/agraph - introduction. html.

UPI 以防止重复。

●为了提高查询效率，AllegroGraph 创建了包含断言附加信息的索引。

●AllegroGraph 也可以利用自由文本索引来执行断言中的自由文本搜索。

●AllegroGraph 可以保存删除的三元组的日志。

由于有第四个扩展字段 g 的存在，使得 AllegroGraph 不仅仅支持 RDF 三元组存储结构，还可以在其上进行任意的扩展。因此，AllegroGraph 可以支持本体分子中动态三元组和本体分子图的存储。

在实际项目的实现中，可以将扩展字段定义为动态三元组 ID（dstatement－id），并使用本体分子中定义的 OWL 类属关系来描述动态三元组和本体分子图。一个动态三元组可以使用两个 AllegroGraph 断言来表示：<主语 URI，谓语 URI ，宾语 URI ，dstatement－id ，triple－id（1）> ，< 维度容器 URI ，do：applysDimensionContainerTo ，dstatement－id ，triple－id（2）> 。其中两个 dstatement－id 相同。

本体分子图（Dgraph）和它对应的维度容器之间的关系可以用一个 AllegroGraph 断言来表示：<DgraphURI，do：hasDimensionContainer，维度容器 URI，null，triple－id>。Dgraph 和它所包含的动态三元组之间的关系可以用一个 AllegroGraph 断言来表示：<DgraphURI，do：hasDStatements，dstatement－id，null，triple－id>。维度容器和它所包含的维度可以用若干个 AllegroGraph 断言来表示：<维度容器 URI，do：hasDimensions，维度 URI（1），null，triple－id>，<维度容器 URI，do：hasDimensions，维度 URI（2），null，triple－id>。

3.6 本章小结

本章从本体分子的动态知识组织模型谈起，给出了包括知识源层、元数据层、本体（静态知识）层、动态知识层四个层次的知识组织模型。在这四个层次中，动态知识层是本文关注的重点，笔者对基于本体分子的动态知识组织过程进行了深入的分析，并就基于本体分子的动态知识描述进行了详细的阐述，创建了本体分子的 OWL 类和属性，对本体分子的类属含义及关系进行了说明，同时利用所定义的本体分子类和属性，对本体分子的相关概念及概念关系进行了描述。本章最后探讨了本体分子的存储方案，并指出在实际项目中，需要根据项目需求和语义丰富程度来选择合适的存储方案。

4　基于本体分子模型的动态知识检索

4.1　拟解决的关键问题

在建立好基于本体分子的动态知识组织模型后，笔者致力于将该模型应用于实际的项目中来解决动态知识提供的问题。动态知识检索是为用户提供动态知识服务的一种便捷的方式。但是将某个知识组织模型引入到实际的知识检索项目中，往往不是那么简单。即使用户完全理解了这个模型的内涵，也很难快速、便捷地建立基于这种模型的应用。可以说动态知识组织是动态知识提供的基础，但是如何提供动态知识还有赖于动态知识检索系统的设计以及一系列的应用支撑工具的使用。本章拟解决下述关键问题：

（1）构建于动态知识组织之上的动态知识检索模型是怎样的？该模型包括哪几大部分？

（2）动态知识检索实现过程中需要哪些关键的技术支撑？

（3）哪些技术可以直接借鉴使用？哪些技术需要进行二次开发后再投入使用？这些技术在实际中又是怎样使用的？

4.2 动态知识检索模型

动态知识组织的目标是为动态知识整序并最终为用户提供动态知识。而动态知识检索是为用户提供动态知识的一种方便、快捷的方式。知识组织是用户检索并获取信息的基础，采用不同的知识组织的方法及不同的知识组织工具会有完全不同的知识服务。良好的、深度的知识组织是向用户提供高质量的、智能的、个性化的、基于内容的知识服务的前提。本体分子作为一种新型的知识组织工具，为解决动态知识的组织问题并为用户直接呈现动态知识的演变过程检索提供了一种新思路。基于本体分子的动态知识检索是将知识按照本体分子的方式组织、存储，并根据用户的需求找出相关知识的动态变化的过程和结果。

知识检索的产生和发展一方面来源于用户对知识检索的需求，另一方面来源于信息检索理论与实践的发展与完善。① 动态知识检索正是产生于用户对知识的动态变化过程及结果的直接呈现的一种需求，而本体分子技术恰好也是对本体技术的发展，用来支持动态知识的检索。

基于本体分子的知识组织模型在对资源对象的整理、加工、描述、

① 王兰成，曾琼．基于本体的知识检索模型及呈现技术研究［J］．图书情报工作，2009（3）：98－100.

表示及持久化等方面都有自己的特征，这使得基于本体分子的动态知识检索与基于本体的知识检索也不相同。基于本体分子的动态知识检索的基本设计思路可以总结如下：

（1）按照系统需求，在领域专家的帮助下，对相关领域资源进行领域相关的本体库及本体分子库的构建。

（2）通过 Lucene 建立相关元数据与本体库的索引。

（3）用户通过检索界面获取初始查询结果集，经过排序后，返回给用户。

（4）点击某条初始查询结果，触发本体检索引擎，通过本体及本体分子库检索出相关的实例。检索的结果通过可视化工具可视化后，返回给用户。

根据动态知识组织的目标和基于本体分子的动态知识检索的设计思路，笔者提出了一个基于本体分子的动态知识检索模型，如图 4－1 所示。

基于本体分子的动态知识检索模型共分成五个部分：知识的获取、本体分子库的构建、用户查询和结果反馈、Lucene 检索引擎、知识的可视化。下面分章节详细介绍每个部分。

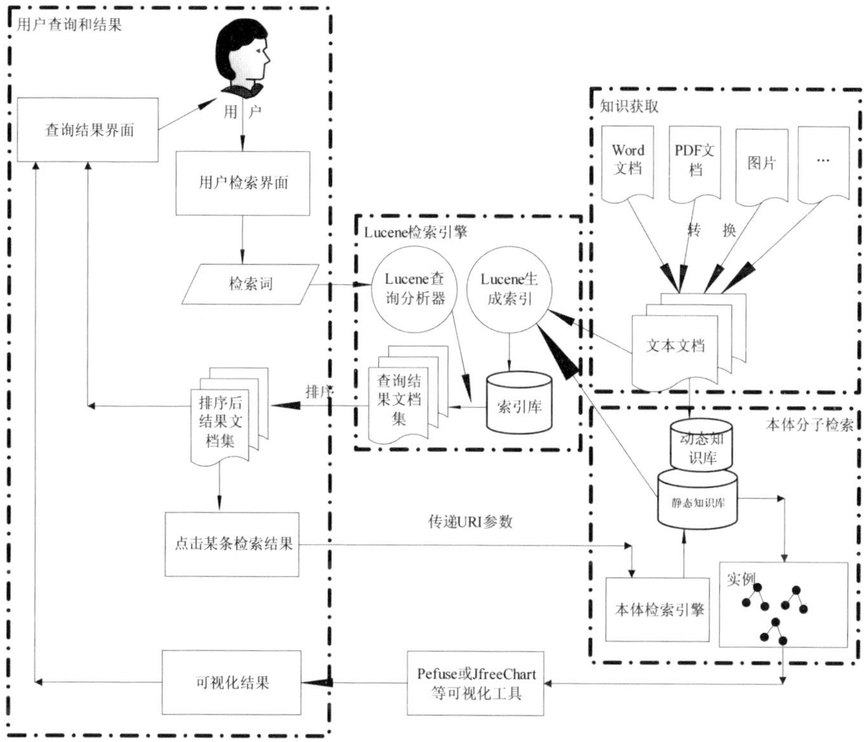

图 4－1　基于本体分子的动态知识检索模型

4.3　知识的获取

知识的获取主要是对知识源进行收集，并根据需求及领域特征对收集的知识源进行分析，归纳出知识抽取规则，再应用此规则从大批文档中抽取出需要的数据信息，并把这些信息转化为相应文档的元数据，从而为后面构建本体分子库以及建立 Lucene 索引做好了准备。知识获取的过程或多或少的都要用到自然语言处理技术（NLP），不同领域以及不同的需求都会采取不同的处理方式。

4.4 本体分子库构建

4.4.1 本体分子库结构

本体库是指按照 W3C 联盟所制定的标准规范，使用 RDF/OWL 这样的本体描述语言建立起来的知识库。而本体分子是建立在 RDF/OWL 本体基础之上的，因此本体分子库也是在现有的本体库基础上，对本体所不能描述的动态知识的扩展。这样，本体分子库中不仅包含着本体库中所有关于静态三元组的知识，而且还包含着本体库中无法描述的动态知识，这些动态知识包含了：三元组维度、三元组维度容器、动态三元组、动态三元组 ID 等等。可以说一个本体库是一个合法的本体分子库，把它看作是只包含静态知识的本体分子库，而其中的动态知识缺省为空，但这个却是合法的。反过来，一个本体分子库往往不是一个合法的本体库，因为本体分子库中的动态知识并不是用 RDF/OWL 描述的，它不符合 W3C 语义网标准规范。如果本体分子库除去动态知识，或者动态知识缺省为空，那么它也是一个合法的本体库。

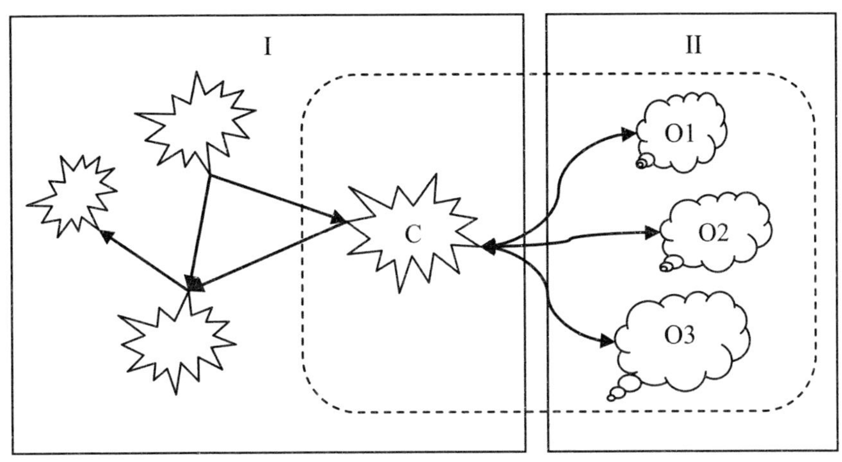

图 4 – 2 本体分子库结构示意图

图 4 – 2 表述了本体分子库结构，本体分子库分为两个部分，第一部分 I 区域表示本体静态知识集合，第二部分 II 区域表示本体动态知识集合。I 区域是基于 RDF/OWL 的静态三元组，它与普通的本体库一样，是一个静态的知识网络，星云图表示每个本体分子的核子。核子 C 可以和区域 II 中的多个离子（云状图）分别构成多个本体分子。虚线所包的内容表示本体分子的三个演化状态，它分别由一个不变的核子 C 和三个变化的离子 O1，O2，O3 构成。这种设计灵活有效的管理控制了动态知识的演化。①

4.4.2 本体分子建库工具软件——OMProtégéPlugin

建库工具软件指的是提供给领域专家或知识工作者按照某种知识建

① 董慧，姜赢，高巾等．基于数字图书馆的本体演化和知识管理研究 I——本体分子理论［J］．情报学报，2009（3）：323 – 330.

模理论进行知识库的建立的一种具有 GUI 界面的工具软件，领域专家或知识工作者能够通过该工具中友好的用户接口，快速便捷地新建、删除和修改知识库以及知识库中的知识单元。建库工具软件能够提高建立知识库的效率，也能保证知识库的准确性和完整性，它是基于知识检索的应用系统中必不可少的支撑工具软件。

目前针对本体建库的工具软件非常多，如 Protégé、ontoEdit①、WebODE②、Altova SemanticWorks③ 和 NeOn④ 等等。这些工具大大减轻了手工本体建库的工作难度，使得本体建库成为一般领域专家能够胜任的工作。这些工具中有一些是商业软件，如 Altova SemanticWorks 等，还有一些是免费开源的工具，如 Protégé、NeOn 等。这些开源工具有的还提供 plugin 机制，可以针对具体功能需要进行扩展。

同样的，要将本体分子应用于实际知识检索项目中，也需要类似这样的本体分子建库工具的支持。但是由于本体分子是笔者所在的课题组提出的一个全新理论，目前国内外没有任何可借鉴的工具可供参考，因此课题组针对该理论开发了一个本体分子建库的工具——OMProtégéPlugin。这个工具本质上是一个 Protégé 插件⑤，它通过扩展

---

① Sure Y. , Erdmann M. , Angele J. et al. OntoEdit：collaborative ontoloy engineering for the sernantie Web ［C］. Proceedings of the 1st International Semantic WebConference (ISWC2002) . Berlin：Springer Press，2002：221 –235.

② Arpirez J. C. , Corcho O. , Femandez – Lopez M. . WebODE：a scalable ontological engineering workbench ［C］. Proceedings of the 1st International Conference on Knowledge Capture（KCAP 2001）. Victoria：ACM press，2001：6 – 13.

③ SemanticWorks ［OL］. ［2009 – 08 – 10］ http：//www. Altova. com/products_ SemanticWorks. html.

④ NeOn Toolkit Portal［OL］. ［2009 – 08 – 10］. http：//neon – toolkit. org/.

⑤ An introduction to developing plug – ins ［OL］. ［2009 – 08 – 10］. http：//protege. stanford. edu/doc/pdk/plugins/overvi ew. html.

Protégé – OWL Plugin 的方式来提供本体分子建库的功能。下面将详细介绍 Protégé 及其插件框架、OMProtégéPlugin 框架设计及功能。

（1） Protégé 及其插件框架

protégé① 是美国斯坦福大学医学院医药信息化研究小组开发的一个基于 Java 环境的开放式架构的开源知识本体构建工具软件。它提供了编辑类、属性和实例的功能。它的一个突出特点是能够根据类的定义自动产生一个用户界面，因而可以支持快速知识获取。Protégé 支持数据库存储方式，意味着可以对大规模本体数据提供高效的存储及检索功能，也为多用户应用提供了同步接口。Protégé 具有高度的可扩展性和自定义功能。允许用户在概念层次上进行设计，不需要了解具体的本体描述语言，就可以非常方便地构造本体模型，提供文本、OWL、JDBC database、RDF Schema、XML 等多种输出格式。② 同时提供完全的 API 接口，具有良好的插件扩展性，使其具有一个灵活的基础用于快速的应用开发。Protégé 中所选择的对象的详细内容通常以表单的形式表现，这些表单由一系列结构化的被称为 widgets 插件的组件组成。通常，每个 widget 插件显示所选择对象的一种属性。Protégé 中有用于大多数属性显示的标准 widgets 插件，但是本体开发者也可以使用专业组件自由地替代标准 widgets 插件。Protégé 的结构允许开发者任意地添加和使用不同的插件，因此默认的系统外观和行为可以通过更改完成适合用户项目的需要。

---

① protégé ［OL］. ［2009 – 12 – 11］. http：//protege. stanford. edu/.

② 王莉 . 基于 protégé 的本体建模方法研究 ［J］. 现代图书情报技术，2006（10）：55 – 59.

一个完整的Protégé插件往往要完成多个不同本体建库任务，所以它通常包含若干个更小的功能插件，Protégé有六种类型的功能插件①：

●Tab widget：出现在Protégé主窗口，在系统标签（例如Classes tab）旁边的标签用户接口。用户可以在不同的标签页面之间进行自由切换。

●Slot widget：以一个表单形式出现，用于显示和获取一个实例的属性值。

●Back - end：用于Protégé存储（文本方式或数据库方式）和持久化机制。

●Createproject：将另外程序提供的源格式转换成最匹配的Protégé知识库。

●Export：将Protégé知识库导为外部格式的文件或数据库。它与Back - end有些关系，但是开发起来要更加容易，功能也不大一样。

●Project：用于操作处理Protégé工程和Protégé工程用于界面接口。

OMProtégéPlugin中包含了以上多种功能插件，如Back - end插件用于本体分子存储、Project插件用于本体分子工程管理以及Slot Widget插件用于动态三元组的管理。

Protégé平台通过Protégé - Frames和Protégé - OWL两种编辑工具分别支持两种不同模型的本体库构建。

①Protégé - Frames

① An introduction to developing plug - ins [OL]. [2009 - 08 - 10]. http://protege. stanford. edu/doc/pdk/ plugins/overview. html.

Protégé - Frames① 编辑器提供了完全的用户界面和知识服务器来支持用户的基于框架的领域本体的构建和存储。提供定制数据导入形式和录入实例数据。Protégé - Frames 实现了符合 Open Knowledge Base Connectivity protocol②（OKBC）的知识模型。在这个模型中，一个本体包含了一组由层级结构来表示一个领域内主要概念的类，一组与这些类相联系的属性来表示属性和关系，以及一组表示这些类的属性的特殊值的实例。

由于实际项目中，我们没有采用这种方式，所以这里就不作详细阐述。

②Protégé - OWL

Protégé - OWL③ 编辑器是 Protégé 的插件，用于支持 OWL 语言。Protégé - OWL 的灵活的体系结构使得很容易配置和扩展这个工具。Protégé - OWL 是与 Jena 紧密结合的，并且提供了开源的 Java API 用于用户自定义界面组件或任意的语义网服务的开发。Protégé - OWL 提供的功能有：

●载入和保存为 OWL /RDF 形式的本体。

●编辑和显示类、属性、实例以及 SWRL（Semantic Web Rule Language，语义网规则语言）规则。

---

① what is protégé - frames?［OL］.［2009 - 08 - 10］. http：//protege. stanford. edu/overview/protege - frames. html.

② Open Knowledge Base Connectivity［OL］.［2009 - 08 - 10］. http：//www. ai. sri. com/~okbc/.

③ what is protégé - owl?［OL］.［2009 - 08 - 10］. http：//protege. stanford. edu/overview/protege - owl. html.

●定义以 OWL 形式表示的逻辑类；执行推理，如使用描述逻辑。

●编辑 OWL 个体。

我们课题组开发的 OMProtégéPlugin 是一组包含 Protégé – OWL 的功能插件的本体分子建库工具，我们选择通过扩展 Protégé – OWL 的方式来开发本体分子建库插件主要基于以下几点原因：

●Protégé 是目前使用得最为广泛的知识建库工具，它提供的插件机制完善，包含各种类型的功能插件，第三方开发者可以根据项目需要灵活地选择。

●Protégé 是基于 Java 语言的，在工业界和学术界都比较适用。它也是一个基于 Java Swing 的开放源码的工具，可以方便地在此基础上做二次开发。

●本体分子库中不仅包含扩展的动态知识三元组，还包含本体库中的静态三元组的部分，所以在开发本体分子建库工具时，要充分考虑到这方面的因素，也就是说，这个建库工具必须保留原有本体库的建库功能，而这个功能在 Protégé – OWL 中已经提供了。所以，我们只需开发一个基于 Protégé – OWL 的插件，来扩展动态三元组、维度容器、本体分子图等本体分子特有的功能即可。

（2） OMProtégéPlugin 框架设计

如图 4 – 3 所示，每一个矩形代表着 OMProtégéPlugin 中的一个软件包。它的体系结构分为两层：抽象层（Abstract Layer）和实现层（Implement Layer)。抽象层是关于本体分子建库一些通用功能的集合。[①] 抽象层中的软件包“cn. edu. whu. sim. ontologymolecule. protegex. ui”包含了本体分子的 GUI 界面用户接口模块，例如，用户需要创建一个本体分子 Protégé 工程的界面、Protégé 工程配置界面、本体分子的创建、删除和修改的界面等等。这些 GUI 接口的功能模块在 OMProtégéPlugin 中应该是独立于实现层而存在的。也就是说，无论用户选择 OMProtégéPlugin 的哪种实现层，其关于本体分子操作的 GUI 界面都应该是一样的。这正如 JDBC 标准和 JDBC 驱动一样：具体的数据库可以有很多种，如 MySQL、Oracle、DB2 等等，每一种数据库也可以有多种驱动程序，但是操作数据库的方式都是 JDBC 标准，开发人员写的使用数据库的代码都是一样的（除了驱动程序类名和连接字符串）。要开发新的数据库驱动程序，只需要按照 JDBC 标准添加新的实现就行了。另外，在软件包“ cn. edu. whu. sim. ontologymolecule. protegex. model ”中的“OMProtégéOWL Model”和“OMJenaOWLModel”也具有类似的特征，这个包中主要是本体分子库的数据结构及其事件机制。

而实现层是针对具体的本体分子存储方案的工具集合。由于实际项目中，我们选择的是 AllegroGraph 存储方案，所以在 OMProtégéPlugin 开发中，实现层提供了 AllegroGraph 存储方案的相关实现接口。也就是说本体分子在 AllegroGraph 服务器中存储，而管理本体分子库的工具的具体代码是写在实现层的 allegrograph 包中。如图 4 – 4 所示，

① 董慧，姜赢，王菲等. 基于数字图书馆的本体演化和知识管理研究Ⅱ［J］. 情报学报，2009（4）：483 –490.

OMProtégéPlugin 软件包列表，其中 allegrograph 包中主要包括 model 数据结构，parser 本体分子解析等等。

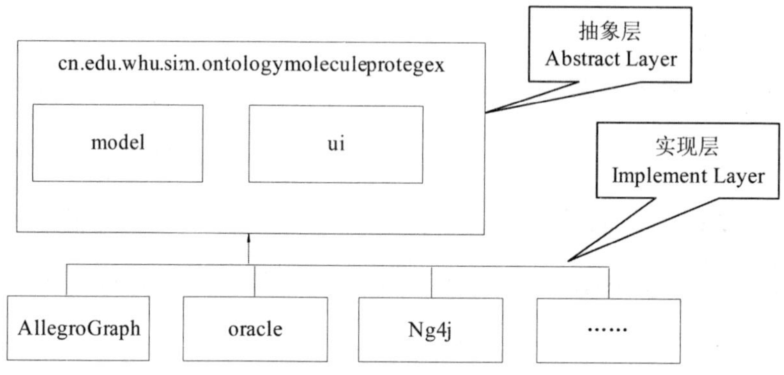

图 4－3 OMProtégéPlugin 体系结构

根据面向接口编程的原则，OMProtégéPlugin 应该提供更灵活的机制支持新的实现层的引入。例如，“cn. edu. whu. sim. ontologymolecule. protegex. oracle”软件包和“cn. edu. whu. sim. ontology-molecule. protegex. ng4j”软件包可以分别使用 Oracle? Spatial Resource Description Framework 和 NG4j 具名图来提供新的实现层。

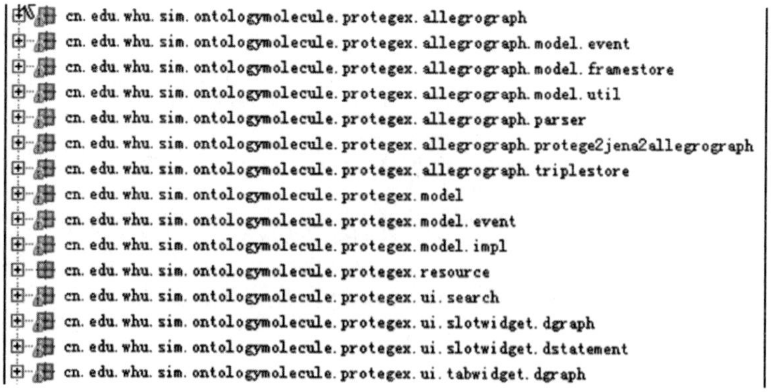

cn. edu. whu. sim. ontologymolecule. protegex. allegrograph
cn. edu. whu. sim. ontologymolecule. protegex. allegrograph. model. event
cn. edu. whu. sim. ontologymolecule. protegex. allegrograph. model. framestore
cn. edu. whu. sim. ontologymolecule. protegex. allegrograph. model. util
cn. edu. whu. sim. ontologymolecule. protegex. allegrograph. parser
cn. edu. whu. sim. ontologymolecule. protegex. allegrograph. protege2jena2allegrograph
cn. edu. whu. sim. ontologymolecule. protegex. allegrograph. triplestore
cn. edu. whu. sim. ontologymolecule. protegex. model
cn. edu. whu. sim. ontologymolecule. protegex. model. event
cn. edu. whu. sim. ontologymolecule. protegex. model. impl
cn. edu. whu. sim. ontologymolecule. protegex. resource
cn. edu. whu. sim. ontologymolecule. protegex. ui. search
cn. edu. whu. sim. ontologymolecule. protegex. ui. slotwidget. dgraph
cn. edu. whu. sim. ontologymolecule. protegex. ui. slotwidget. dstatement
cn. edu. whu. sim. ontologymolecule. protegex. ui. tabwidget. dgraph

图 4－4 OMProtégéPlugin 软件包结构

（3）OMProtégéPlugin 的功能

OMProtégéPlugin 是一个本体分子建库工具软件，它包含了本体分子的创建、删除、修改和持久化等各种本体分子管理的功能。而这些功能是通过我们开发的一系列功能插件来实现的。总的来说 OMProtégéPlugin 的功能包括：本体分子持久化、本体分子建库工程管理、动态三元组的管理、核子和离子的管理以及本体分子的管理，本节将对这些功能一一详细介绍。

①本体分子持久化功能

Protégé 提供数据库方式和文件方式两种 RDF/OWL 本体持久化方案。Protégé - OWL Plugin 作为 OWL 本体管理的插件，也是提供数据库方式和文件方式两种持久化存储方案，但是它也只能存储基于 RDF/OWL 的静态三元组，而对于本体分子库中的维度图、动态三元组、动态三元组 ID 等等，则没有解决方案，所以还需要建立新的持久化方案。

由于在实际项目中，我们选择了 AllegroGraph 作为本体分子库的存储服务器，所以在 OMProtégéPlugin 开发中，实现层提供了基于 AllegroGraph 存储方案的相关实现接口。针对这个存储方案，我们课题组开发了基于 AllegroGraph 服务器的 back - end 插件：“AllegroGraphKnowledgeBaseFactory”，如图 4 - 5 所示，用户在选择持久化方案的时候，可以选择“AllegroGraph KB”这种 back - end 来建立本体分子库。这也是 OMProtégéPlugin 目前唯一的一种持久化方案。

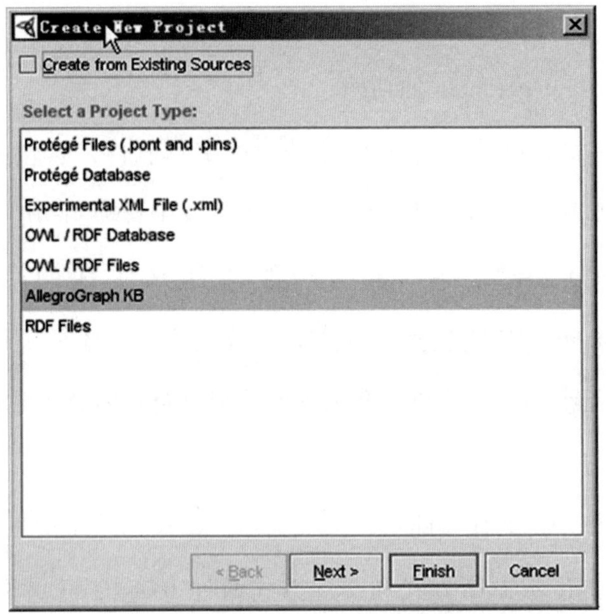

图 4-5 AllegroGraph KB **持久化方案**

②本体分子建库工程管理功能

Protégé 对于知识库的管理是以工程（Project）作为基本单位来管理的，对于基于“AllegroGraph KB”的持久化方案，也需要相应的工程管理功能插件（Project Plugin）来管理工程的创建、修改和保存。我们在软件包“ cn. edu. whu. sim. ontologymolecule. protegex. allegrograph ”中开发了“AllegroGraphCreateProjectPlugin”工程管理功能插件。如图 4-6 所示，用户在使用这个插件创建新的本体分子 Project 工程的时候，需要输入 AllegroGraph 服务器的相关配置信息：服务器 IP 地址、服务器端口号、本体分子库名称、本体分子库所在文件目录地址。用户点击“Next”按钮之后，会出现 Protégé OWL 工程的 OWL 相关配置页面，用户进入配置 OWL 语言类型界面。最终，用户点击“Finish”按钮完成本体分子库工程的创建。

另外，在 OMProtégéPlugin 中，提供了本体分子建库工程与其他普通 RDF/OWL 本体库工程之间的转换，我们在软件包“cn. edu. whu. sim. ontologymolecule. protegex. allegrograph”中开发了一个“CreateAllegroGraphFromFileProjectPlugin”插件。它能将 owl file 工程转换成 AllegroGraph 本体分子库工程。“Convert Project to Format”菜单也可以将 AllegroGraph 本体分子库工程转换成其他普通 RDF/OWL 本体库工程（如 file、database 等）。但是这种转换会忽略掉原来本体分子库中的动态知识。①

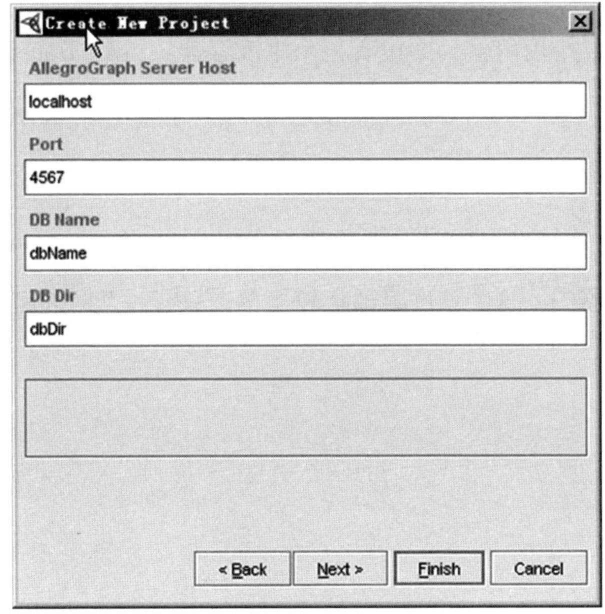

图 4-6 本体分子工程管理

① 董慧，姜赢，王菲等. 基于数字图书馆的本体演化和知识管理研究Ⅱ［J］. 情报学报，2009（4）：483-490.

③动态三元组的相关管理功能

动态三元组的管理是以维度类、维度容器的管理为基础的，OMProtégéPlugin 也提供了对维度及维度容器相关概念的 GUI 管理界面。如图4 - 7 所示，用户可以在“Class Browser”这个标签页面中，通过继承“om：Dimension”类，创建新的时间维度类“eg：TimeDimension”。时间维度类“eg：TimeDimension”的某个实例，就是某个时间维度。图4 -7 中，用户建立了两个时间维度类实例：“eg：TimeDimension_ 1983”和“eg：TimeDimension_ 1990”分别表示“在 1983 年”和“在 1990 年”。然后，可以通过创建“om：DimensionContainer”类的实例来建立维度容器。图中有三个维度容器：“eg：DimensionContainer_ 1983”“eg：DimensionContainer_ 1990”和 EmptyDimensionContainer。其中 EmptyDimensionContainer 指的是空约束的任何时间状态，而“eg：TimeDimension_ 1983”则包含在“eg：DimensionContainer_ 1983”这个维度容器中，这个维度容器比较简单，只有一个时间维度类。

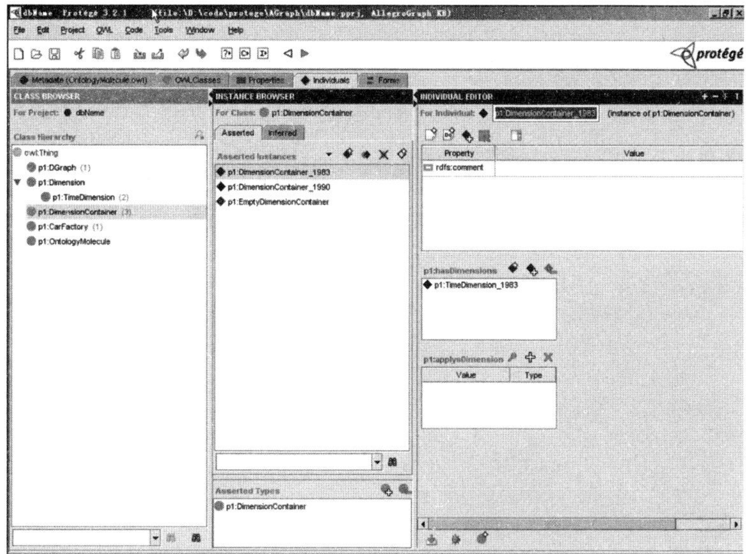

图 4－7　维度及维度容器相关管理

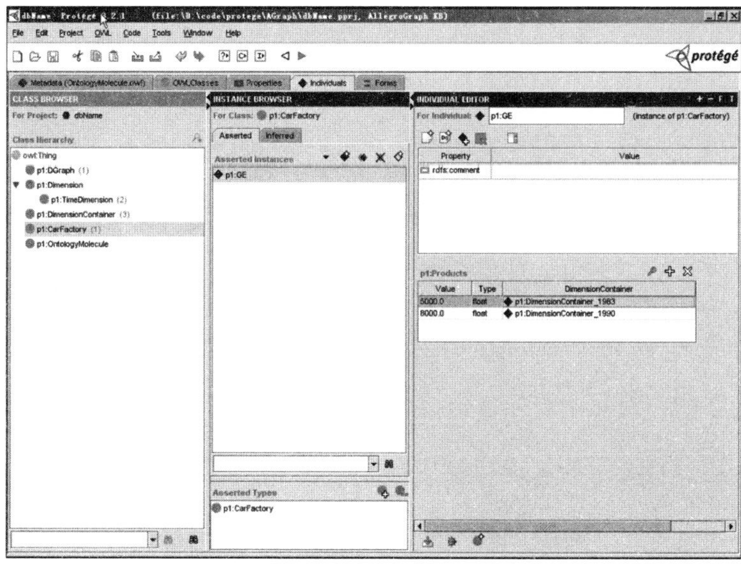

图 4－8　动态三元组的管理

建立好了时间维度及相应的维度容器后，就可以使用这些时间实例创建动态三元组。假如，我们想要描述“GE 公司是一个汽车厂，它 1983 年的生产量为 5000 辆，而到了 1990 年产量上升为 8000 辆”。如图 4-8 所示，首先我们新建 CarFactory 类，添加 Products 属性表示它的年产量（数据类型为 float），然后新建 CarFactory 的实例 GE。在 GE 的 Products 属性 Slot widget 里面，填写了两个数字值：5000 辆对应的动态时间是 1983 年，8000 辆对应的动态时间是 1990 年。这个 Slot widget 不是 Protégé-OWL 提供的普通的“MultiLiteralWidget”，它是我们针对本体分子建库而开发的“DimensionalMultiLiteralWidget”插件。它位于“cn. edu. whu. sim. ontologymolecule. protegex. ui. slotwidget. dstatement”软件包下，与普通“MultiLiteralWidget”相比，多了一列”DimensionContainer”来放置维度容器（如时间维度容器）。添加了维度容器的三元组，从普通的静态三元组变成动态三元组，为本体分子、核子和离子的建立提供了基础。值得注意的是，“DimensionalMultiLiteralWidget”所在的层是抽象层，它不依赖具体的存储方案的变化而变化，可以重复使用。也就是说，如果本体分子服务器不再是 AllegroGraph，而换成其他的如 Oracle、Mysql 等之后，“DimensionalMultiLiteralWidget”的使用完全不受影响，而且不需要任何修改就可以直接使用。①

④核子和离子的管理功能

本体分子核子存放的是不变的知识，离子存放的是变化的知识。这

① 董慧，姜赢，王菲等. 基于数字图书馆的本体演化和知识管理研究Ⅱ［J］. 情报学报，2009（4）：483-490.

些知识都是指的动态三元组。图 4 – 9 展示了如何将动态三元组添加到本体分子的离子或核子中去。由于离子和核子都是“om：Dgraph”的实例，首先新建一个“eg：OuterGraph_ 1983”实例，它实质上是“eg：GE”的 1983 年本体分子的离子。这个离子存放的是动态知识三元组，而且时间维度规定在 1983 年，所以对于“eg：OuterGraph_ 1983”的“om：hasDimensionContainer”属性添加了维度容器“eg：DimensionContainer_ 1983”来做约束。

向“eg：OuterGraph_ 1983”这个离子里面添加动态三元组之前，首先要选择符合条件的动态三元组。点击图 4 – 9 中的“eg：hasDStatements”属性的添加按钮之后，出现图 4 – 10 搜索动态三元组的用户接口界面。通过这个界面，用户可以设置一些过滤条件。如图 4 – 10 所示，过滤条件为“时间维度为 1983 年，eg：CarFactory 类，属性 eg：Products 的属性值超过 0 的动态三元组”。这个过滤条件正是 OuterGraph_ 1983 离子中动态三元组的条件。用户点击 Search 按钮，结果找到一个动态三元组，它表示 GE 公司 1983 年产量为 5000 辆汽车。用户再点击 OK 按钮，可以将这个动态三元组添加到 OuterGraph_ 1983 离子中，出现图 4 – 9 所示的 hasDStatements 属性值列表。

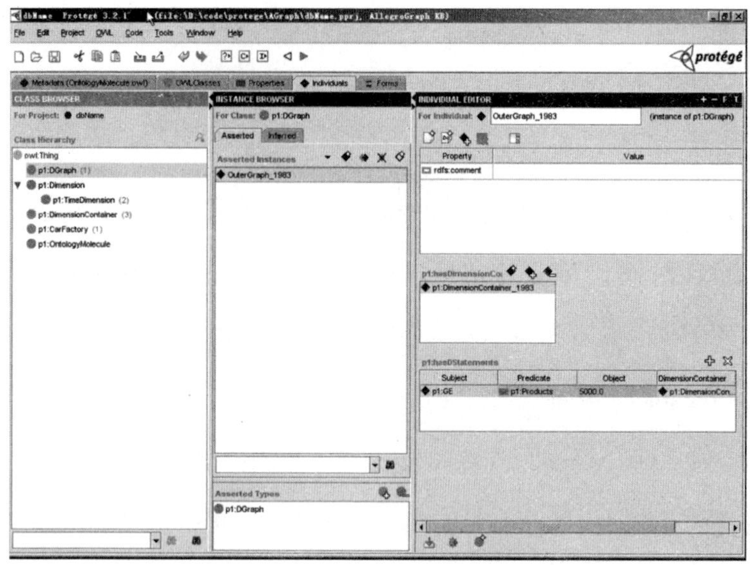

图 4－9 核子和离子的管理

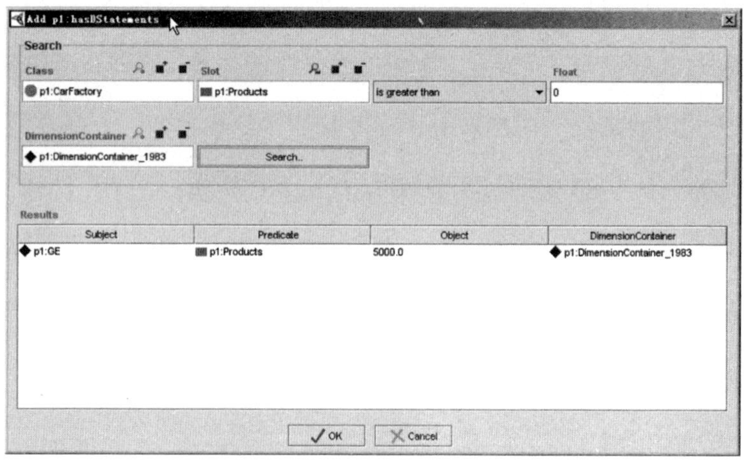

图 4－10 选择动态三元组

值得注意的是，选择动态三元组时如果时间维度与离子的时间维度不符合（包括不相等或不兼容），那么即使点击了 OK 按钮，这个动态三元组也不会添加到离子中去。这个就是 OMProtegePlugin 对动态知识的控制的一种方式，这样可以有效地避免产生逻辑错误。

如图 4 -9 所示，“om：hasDStatements”属性的用户接口，也是我们开发的一个 Slot widget，即“DgraphHasDimensionsSlotWidget”。它能将动态三元组的 subject、property、object 和 DimensionContainer 通过列表的方式展现出来。并通过图 4 -10 所示的用户接口来搜索和添加新的动态三元组。

⑤本体分子的管理功能

在“3.4.1 节本体分子的 OWL 类”中，曾经讲过本体分子对应着类“om：OntologyMolecule”，所以它的管理和其他普通 OWL 类的管理方式一样，故本文这里不再赘述。如图 4 -11 所示，将“eg：OuterGraph_ 1983”离子添加到“eg：GE_ 1983”本体分子的“om：hasOuterGraph”属性中去。添加核子到本体分子也是一样的操作。如果要删除某个本体分子的动态三元组，首先通过点击图 4 -9 中“om：hasDStatement”属性删除（减号）按钮，删除本体分子的离子和动态三元组之间的关系，再通过图 4 -7 中关于动态三元组的界面彻底删除掉动态三元组。

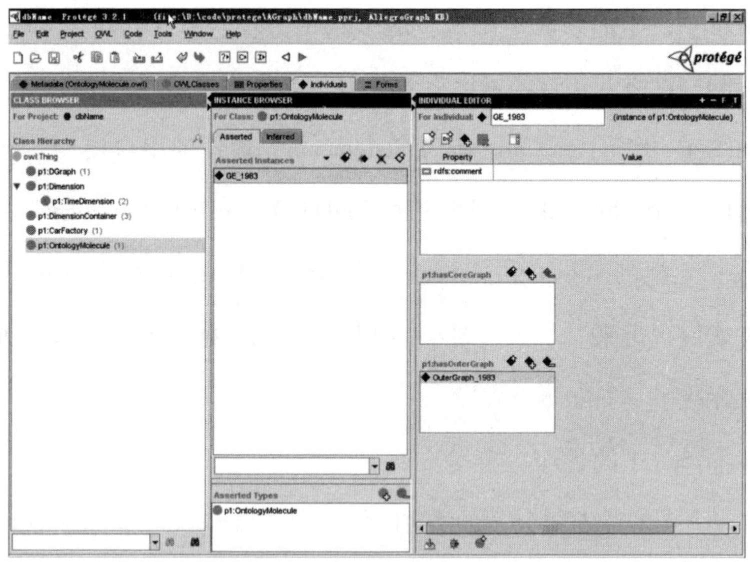

图 4－11　本体分子的管理

4.4.3　本体分子库构建过程

上节已经阐述过，本体分子是建立在本体基础之上的，所以本体分子库也是在本体库的基础之上进行的扩展。这种扩展主要体现在动态知识上。本体分子库的构建，首先要确定本体分子的核与离子，即什么是知识的不变部分（静态知识），什么是知识的可变部分（动态知识），这样本体分子的结构确定好后，再对知识的可变部分进行分析找出其变化规律，并对其进行描述，从而形成本体分子知识库。具体来说，本体分子库构建步骤如下。

（1）需求分析

语义网中各领域本体分子库的构建都是根据具体的应用需求进行的。要想成功地开发与构建领域本体分子库，系统需求的分析应放在本体分子库构建的第一步。需求分析是本体分子开发的开端，对于本体分子库的构建而言，需求分析包含几个方面的内容：①领域本体分子库的构建目的、任务要求。②利用该本体分子知识的不同用户的不同需求特点。③领域本体分子库的构建在时间及进度上的要求。④对静态知识和动态知识进行界定。⑤确定本体描述语言以及所需要的本体构建工具。

另外，在做本体分子库构建的需求分析过程中应注意以下问题[①]：

①需求分析的过程性。本体分子需求分析应包括需求调研、分析需求、需求描述、需求认可、需求演进等逐次递进的过程。需求分析不仅应是本体分子实施的前提，而且应贯穿于本体分子开发的整个生命周期。

②需求分析的动态性。因为本体分子需求贯穿于整个领域本体分子库建设过程，用户需求在很多情况下是隐性的，不明确的，所以本体分子需求分析只能建立在不完全的需求基础上。为此，本体分子需求分析既要维持需求的稳定性和精确性，也要在实施过程中不断地进行动态调整。

③需求分析的文档化。为了指导领域本体分子库建设的后续工作，应该编写一份基本需求描述完整、具有可操作性的“需求分析说明书”，以文档的形式明确需求分析的结果，作为该阶段的成果。

（2）静态知识库的构建

本体分子库的构建是在本体库的基础上的扩展，所以在做完系统需

① 常艳．基于本体的数字图书馆知识组织构建模式研究［D］．吉林大学硕士学位论文，2008.

求分析后，接着第二步就是本体库的构建。

本体建库所在领域的数据源格式多种多样，体现在数据源的数据类型不一样及文档结构化程度不一样等，这给本体建库工作带来了一定的难度。在实际的本体建库工作中应该充分重用和共享已有的本体知识库，并借鉴具有类似领域特征的某些本体项目的经验，结合自身项目实际需求来开展。我们在多个项目实践中均采用了 Mike Ushold & Micheal Gruninger 的骨架法（Skeletal Methodology）来构建本体库，按照该方法，我们设计了一个领域本体库构建流程，如图 4－12

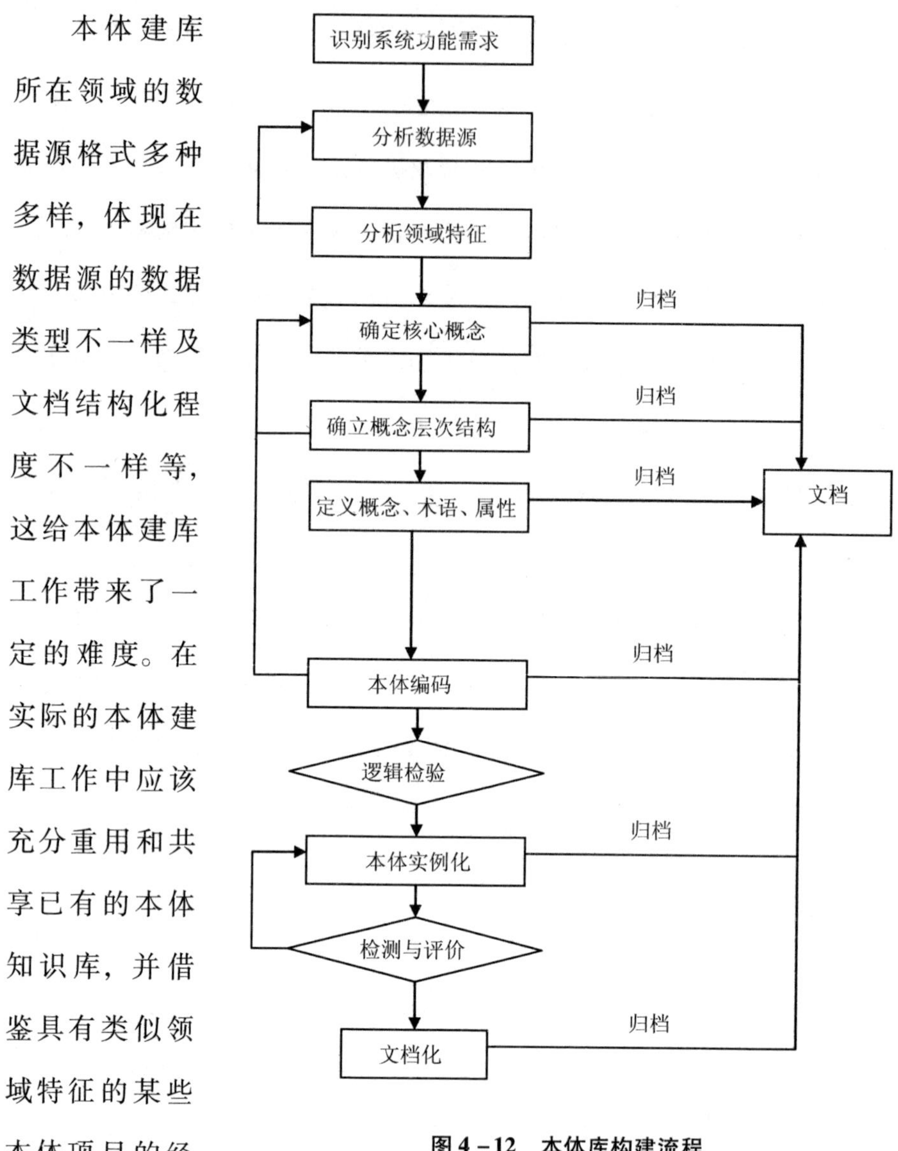

图 4－12　本体库构建流程

所示：

整个构建过程主要包括以下流程①：

①确定核心概念。在做完需求分析后，根据所在的领域特征及数据源情况确定领域核心概念。该步骤需领域专家的参与，对该领域越了解，所建本体就越完善。

②确定概念层次结构。在确定好核心概念后，需要对这组具有本体雏形的核心概念进行扩展，建立整个本体概念模型。这是一个自顶向下的过程，即根据事先定义好的上一层抽象父类，分别初步细化说明其下一级子类。在建立概念体系过程中，需要考虑和解决两个问题：一是概念间关系的选择和层次结构的组织；二是概念层次结构可用性和表达精确性的平衡。

③定义概念、术语及属性。概念层次结构还只是本体的骨架，其血肉要通过概念间的关系，即属性来充实。前面已经介绍过 OWL 类的属性有两种，一种是对象属性，另一种是数据类型属性。

④本体编码。在此阶段，主要是利用相应的本体描述语言形式化上个阶段完成的概念模型，由于我们开发的本体分子建库工具 OMProtégéPlugin 是基于 Protégé－OWL 的插件，而且该工具还保留了 Protégé－OWL 的功能，所以我们是选择 OWL 作为本体描述语言来完成本体编码工作。

⑤本体实例化。实例化是整个本体构建过程中工作量最大，最为烦

① 周义刚，董慧. 电子政务领域数字档案本体的构建［J］. 图书馆情报工作，2009（19）：112－116.

琐的部分。虽然 Protégé 可以帮助我们自动生成符合 OWL 语法的库文件，但是手工在 Protégé 中进行大量的实例声明、实例描述和关系关联仍然是非常烦琐的。也就是在这块工作上，有许多具有领域特色的自动化或半自动化知识抽取方法，通过分析领域知识源的特征，选择合适的自然语言处理技术，将原始知识转化成对应的 XML 文件，再利用 Jena API 等本体处理引擎将 XML 文件中的内容解析，从而达到将被研究的对象自动化或半自动化地实例化到本体库中。

⑥本体检测与评价。为了确保本体库在逻辑上的正确性，可以选用一种合适的推理机对本体概念进行一致性和包含性检测，对实例进行冲突检测，以发现本体中概念定义矛盾和实例属性关系关联有误的情况。同时在每个阶段和阶段之间，我们还将从正确性和有效性两个角度对本体、软件环境、文档进行技术判断，做出阶段工作和阶段成果的评价。

⑦阶段性文档化。将技术资料和工作成果形成文档可以有效促进知识共享和传承，所以我们课题组非常重视开发文档的规范化工作，而且利用 Protégé 中的某些文档生成功能也为文档规范化提供了方便。

（3）动态知识库的构建

本体库构建完成后，接下来是在此基础上构建本体分子库，总的来说在此阶段主要工作就是根据系统需求在已建好的本体库的基础上，为知识的可变部分添加代表一定约束的维度容器。具体来说，本体阶段主要有以下几个步骤：

①确定本体分子的维度。本体分子的维度，是衡量知识内容随之变化的角度，直接影响到知识的正确性，如时间维、地点维、机构维等等。通俗地讲，维度就是判断知识是否为真的一个变量，只有在这个变

量取值的范围内，才能保证知识的完全正确性。如“武汉市市长是阮成发”，这个陈述并不是永远成立。影响到该陈述成立与否的关键变量是时间，那么时间就是这个陈述的维度。

本体分子维度的确定应符合两个原则：冲突消解和标准化。冲突消解是指本体分子的维度抽取应与本体为构建过程中的描述冲突记录相结合。在本体库构建过程中，动态知识未能被全部添加入本体库，是因为本体理论在此类知识管理上的不足。如在建立历史领域本体时，“江青是毛泽东的妻子”和“杨开慧是毛泽东的妻子”两条语句相互冲突。本体分子理论的提出是为消解这类问题的，故本体分子维度的抽取应针对利用本体解决此类问题时的不足。如影响到上述两条语句是否为真的关键因素是时间。我们将时间作为维度，则可以对上述两个语句的冲突进行消解。另一方面，维度的提取应符合标准化的原则。标准化体现在两个方面：细分和重用。细分是指应该将本体分子维度进行尽可能的拆分。如条件“1985 年的武汉”，一种解决方式是将时空限定融合在一个维度里。这样做的缺点是不利于维度的重用。合理的做法是设立两个维度，一个用来进行时间限定，另一个用来进行空间限定。其中时间值为1985，地点值为武汉，两个维度都被添加进维度容器来对语句进行限定。这样 1985 和武汉两个维度被重用的概率就大大增加了。

②建立本体分子概念模型。根据需求分析、本体知识库以及本体分子维度的确定情况，我们可以进一步确定本体分子模型。模型应该明确定义出本体分子的核和本体分子的外围对应的知识概念。

③本体分子编码。通过我们开发的本体分子建库工具OMProtégéPlugin 形式化上个阶段完成的本体分子的概念模型，包括本

体分子本身的一些概念，如：OntologyMolecule、DGraph、Dimension-Container、Dimension 等。

④本体分子实例化。寻求手工或半自动化的方式来建立本体分子的实例。需要注意的是，在此阶段可能会根据需要对建好的本体库进行一定的修改，尤其是给本体库构建阶段所产生的动态知识添加相应的维度容器。

⑤本体分子检测与评价。与本体库构建一样，本体分子构建也需要进行检测与评价。

⑥阶段性文档化。将这个阶段所作的工作成果及技术资料形成文档。

（4）本体分子库的持久化

本体分子库构建完成后，需要采取合适的持久化方案，将本体分子库存储起来。在本体分子库构建工具 OMProtégéPlugin 的开发中，实现层正是解决本体分子库的存储问题。在实际项目应用中，可以根据系统需求、数据量的大小、语义关系的复杂程度等等因素，选择适当的持久化方案。

（5）文档化

文档编写在实际开发中占有重要的地位。其实文档就是项目组在开发过程中思考的产物。在项目需求、项目设计及项目实现过程中编写文档，有助于理清思路，记录思考成果，更有助于日后项目的跟进人员方便地了解项目的相关情况。

在本体分子库的构建工作完成之后，我们除了要将这个过程中相关的文档做个总结、归纳，包括之前的需求文档、一些阶段性的文档，还需针对特定领域做个本体分子库构建的详细设计文档。

我们课题组非常重视文档的编写工作，这也使得我们课题组一届届博硕研究生在不断地共享已有的研究成果的同时也肩负着将新的研究成果向下传承的任务。

4.5 用户查询和结果反馈

用户查询界面是用户检索知识的入口，基于本体分子的动态知识检索模型中，用户通过输入检索词（这里的检索词可以是关键词、自由词和自然语言等多种检索途径）检索，通过 Lucene 检索引擎，可以得到一个初始的信息集合，用户可以查询到与该检索词相关的全文信息。如果用户想进一步查询知识的关联及动态变化，该模型还可以利用本体检索引擎通过基于本体分子库的检索来实现。查询结果的处理主要包括两种方式，对于初始查询结果集采取查询结果排序和显示方式定制（如关键词高亮显示）的方式反馈给用户；而对于知识关联及动态知识变化过程的检索结果是通过可视化工具可视化后反馈给用户的。

4.6 Lucene 检索引擎

4.6.1 Lucene 简介

Lucene①是 Apache 软件基金会 Jakarta 项目组的一个子项目，是一个开放源代码的高性能全文检索引擎工具包，即它不是一个完整的全文检索引擎，而是一个全文检索引擎的架构，提供了完整的查询引擎和索引引擎，部分文本分析引擎（英文与德文两种西方语言）。Lucene 的目的是为软件开发人员提供一个简单易用的工具包，以方便地在目标系统中实现全文检索的功能，或者是以此为基础建立起完整的全文检索引擎。

Lucene 的原作者是 Doug Cutting，他是一位资深全文索引/检索专家，曾经是 V – Twin 搜索引擎的主要开发者，后在 Excite 担任高级系统架构设计师，目前从事于一些 Internet 底层架构的研究。

4.6.2 Lucene 的应用、特点及优势

作为一个开放源代码项目，Lucene 从问世之后，引发了开放源代码社群的巨大反响，程序员们不仅使用它构建具体的全文检索应用，而且将之集成到各种系统软件中去，以及构建 Web 应用，甚至某些商业

---

① what is lucene [OL]. [2009 – 08 – 22]. http://lucene.apache.org/.

软件也采用了 Lucene 作为其内部全文检索子系统的核心。Lucene 以其开放源代码的特性、优异的索引结构、良好的系统架构获得了越来越多的应用。

Lucene 作为一个全文检索引擎，其具有如下突出的优点①：

（1）索引文件格式独立于应用平台。Lucene 定义了一套以 8 位字节为基础的索引文件格式，使得兼容系统或者不同平台的应用能够共享建立的索引文件。

（2）在传统全文检索引擎的倒排索引的基础上，实现了分块索引，能够针对新的文件建立小文件索引，提升索引速度。然后通过与原有索引的合并，达到优化的目的。

（3）优秀的面向对象的系统架构，使得对于 Lucene 扩展的学习难度降低，方便扩充新功能。

（4）设计了独立于语言和文件格式的文本分析接口，索引器通过接受 Token 流完成索引文件的创立，用户扩展新的语言和文件格式，只需要实现文本分析的接口。

（5）已经默认实现了一套强大的查询引擎，用户无需自己编写代码即使系统可获得强大的查询能力，Lucene 的查询实现中默认实现了布尔操作、模糊查询（Fuzzy Search）、分组查询等等。

4.6.3　Lucene 的软件包

Lucene 软件包的发布形式是一个 JAR 文件，我们这里只介绍一下

① 开放源代码的全文检索引擎 Lucene［OL］．［2009 - 8 - 10］．http：//www.lucene.com.cn/about.htm#_ Toc43005322.

这个 JAR 文件里面的主要的 JAVA 包①：

（1）Package：org. apache. lucene. document

这个包提供了一些为封装要索引的文档所需要的类，比如 Document，Field。这样，每一个文档最终被封装成了一个 Document 对象。

（2）Package：org. apache. lucene. analysis

这个包主要功能是对文档进行分词，因为文档在建立索引之前必须要进行分词，所以这个包的作用可以看成是为建立索引做准备工作。

（3）Package：org. apache. lucene. index

这个包提供了一些类来协助创建索引以及对创建好的索引进行更新。这里面有两个基础的类：IndexWriter 和 IndexReader，其中 IndexWriter 是用来创建索引并添加文档到索引中的，IndexReader 是用来删除索引中的文档的。

（4）Package：org. apache. lucene. search

这个包提供了对在建立好的索引上进行搜索所需要的类。比如 IndexSearcher 和 Hits，IndexSearcher 定义了在指定的索引上进行搜索的方法，Hits 用来保存搜索得到的结果。

4.6.4 建立 Lucene 索引

为了对文档进行索引，Lucene 提供了五个基础的类，他们分别是 Document，Field，IndexWriter，Analyzer，Directory。下面我们分别介绍一

---

① Lucene 3.0.1 core API［OL］.［2009－08－22］. http：//lucene. apache. org/java/3_0_1/api/core/index. html.

下这五个类的用途。①

（1）Document

Document 是用来描述文档的，这里的文档可以指一个 HTML 页面，一封电子邮件，或者是一个文本文件。一个 Document 对象是由多个 Field 对象组成的。可以把一个 Document 对象想象成数据库中的一个记录，而每个 Field 对象就是记录的一个字段。

（2）Field

Field 对象是用来描述一个文档的某个属性的，比如一封电子邮件的标题和内容可以用两个 Field 对象分别描述。

（3）Analyzer

在一个文档被索引之前，首先需要对文档内容进行分词处理，这部分工作就是由 Analyzer 来做的。Analyzer 类是一个抽象类，它有多个实现。针对不同的语言和应用需要选择适合的 Analyzer。Analyzer 把分词后的内容交给 IndexWriter 来建立索引。

（4）IndexWriter

IndexWriter 是 Lucene 用来创建索引的一个核心的类，他的作用是把一个个的 Document 对象加到索引中来。

（5）Directory

这个类代表了 Lucene 的索引的存储位置，这是一个抽象类，它目前有两个实现，第一个是 FSDirectory，它表示一个存储在文件系统中的

---

① 周登朋. 初识 Lucene［OL］.［2009－08－22］. http：//www. ibm. com/developerworks/cn/java/j－lo－lucene1/.

索引的位置。第二个是 RAMDirectory，它表示一个存储在内存当中的索引的位置。

图 4－13 就是 Lucene 的索引文件的概念结构。Lucene 索引 index 由若干段（segment）组成，每一段由若干的文档（document）组成，每一个文档由若干的域（field）组成，每一个域由若干的项（term）组成。项是最小的索引概念单位，它直接代表了一个字符串以及其在文件中的位置、出现次数等信息。域是一个关联的元组，由一个域名和一个域值组成；域名是一个字串，域值是一个项，比如将“标题”和实际标题的项组成的域。文档是提取了某个文件中的所有信息之后的结果，这些组成了段，或者称为一个子索引。子索引可以组合为索引，也可以合并为一个新的包含了所有合并项内部元素的子索引。我们可以清楚地看出，Lucene 的索引结构在概念上即为传统的倒排索引结构。①

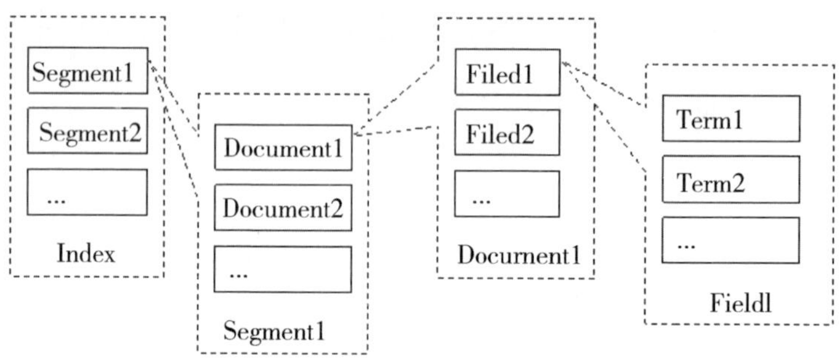

图 4－13　Lucene 索引文件概念结构图

① 董祥千．搜索引擎设计分析与结果聚类改进［D］．电子科技大学硕士学位论文，2007.

4.6.5　Lucene 检索引擎在动态知识检索中的应用

正如前文所述，Lucene 以其开放源代码的特性、优异的索引结构等优点获得了越来越多的应用。在基于本体分子的动态知识组织模型中也充分应用了 Lucene 的这一优势。

如图 4－1 所示，在项目应用中可以利用 Lucene 开发包为文档库和本体库建立索引，为文档库建立索引后，就可以通过 Lucene 检索引擎对文档库进行基于关键词匹配的全文检索，为本体库建立索引后，可以使通过关键词匹配检索到的结果与本体库中相应的 URI 建立映射关系，为下一步基于本体分子库的关联检索及动态知识演变过程检索做好准备。

4.7　基于本体分子的知识可视化

基于本体分子的动态知识检索模型中，通过本体检索引擎从本体分子库中检索到的是一些实例。如果直接把检索的实例返回给最终的用户，不够直观，也不易被理解和接受。选择一种合适的可视化的工具，把检索到的实例可视化后再返回用户会有比较好的效果。所以本文知识可视化工作是在基于本体分子的动态知识组织这种特定的知识组织方式下，对通过本体检索引擎检索到的本体及本体分子的实例的可视化。采取可视化的工具处理后，可以直接将知识关联及知识的动态变化过程通过返回界面，反馈给最终的用户，使用户可以便捷地获取知识。

4.7.1 本体分子可视化的可行性

基于RDF/OWL语义Web本体采用三元组的表示法来描述一个陈述，每个陈述都可以写成一个依次为主语、谓语、宾语的三元组。这样一个或多个关于资源的简单陈述可以表示为一个图中的一条弧，且这个弧的起始节点和终止节点分别是陈述中的主语和宾语。

根据以上的论述，本体实例与关系的表示以节点和边来实现最为直观。从现有的国际著名本体可视化项目来看，这种表示方法是被国际普遍接受的。所以对于实例和关系的表示，我们暂且以“图结构”为原型。

对于本体分子，直观上来理解，它的大小介于本体基本元素和本体库之间①。从可视化方面来理解，它的大小应该能够包含实例和关系，而又能在屏幕上存在明显的界限。如果本体实例和关系用节点和边来表示，那么本体分子最直观的表示方式就是节点和边的聚集。

4.7.2 本体分子可视化工具的选择

本体分子可视化工具的选择需要考虑周全，同时兼顾实际项目的内容和软硬件设施条件。如在实际项目中，采用的开发语言、所涉及的硬件基础条件以及项目日后二次开发的要求等等都将成为选择可视化工具的时候需要考虑的因素。另外，可视化工具包中最好要有节点和边的图

① 董慧，姜赢，高巾等．基于数字图书馆的本体演化和知识管理研究Ⅰ——本体分子理论［J］．情报学报，2009（3）：323－330.

结构和类似于节点和边的集合的“聚集”结构。

由于我们实验室在研究具体项目的时候，都是使用 Java 开发语言，所以在这里简单地介绍几种基于 Java 开源工具包的可视化工具。如 TouchGraph，Prefuse、JfreeChart 等。这些开源工具包都具有良好的“图结构”的可视化效果，有一些也具有“聚集结构”的可视化效果。

（1）TouchGraph。Touchgraph① 是一套使用“Spring - Layout”和“Focus + Context”技术进行图形可视化编程的接口。我们可以将本体库中的语义数据转化为前述提到的一系列节点和边，利用 Touchgraph，动态的呈现给用户。图形化显示大量数据所需要的技术：缩放（Zoom）与摇动（Pan），焦点/背景（Focus/Context）及递增性导航（Increamental Navigation）等主要通过 TouchGraph 中的 TG 图形组件——GraphLayout 组件的各种方法实现，限于篇幅这里不作详述。其源代码可以从 sourceforge 上下载。

由于 TG 本身并不支持阅读和解释语义数据，我们可以先利用 Jena 从 OWL 文件中抽取信息，转化为一系列三元组。根据三元组的主语和宾语创造出节点（Node），而谓词则定义了主语和宾语节点之间的关系（Property），表现为图中的有向边（Edge）。

（2）Prefuse。Prefuse②是美国加利福尼亚州伯克利大学计算机科学分部的 Jeffrey Heer 和 Maneesh Agrawala 开发的 Java 开源可视化工具包。它是一个比较强大的数据建模显示工具，支持多种数据的建模、显示，

---

① TouchGraph [OL]. [2007 - 08 - 19]. http://www.touchgraph.com/navigator.html.

② the prefuse visualization toolkit [OL]. [2008 - 07 - 10]. http://prefuse.org/.

以及与用户的交互。它提供了“表”“图”和“树”作为数据的基本结构，在数据显示方面，它提供了大量的布局以及视觉编码技术，并且支持动画、动态查询等等。

Prefuse 可以用来表示本体分子的聚集结构，所以这里简单介绍一下 Prefuse 的体系结构。

Prefuse 将传入其中的原始数据（表模型、图模型、树模型等）作为数据模型，这一层是作为可以支持任意多的可视化效果的最底层裸数据存在的；将可视化数据（颜色数据、字体数据、形状数据、动画数据等等）作为抽象可视化数据模型，这一层则是针对每一种特殊的视觉效果和控制器而提供专门数据支持的数据模型；将前台界面的最终绘制做为交互界面，而将用户的交互事件作为前台控制。为方便数据的获取和传递，抽象可视化数据模型层中的类直接继承于数据模型层中的类。①

要将本体及本体分子以可视化的形式表现出来，需要进行一系列的转换。转换过程主要包括一个数据析取过程和一个映射过程。析取过程把本体分子库中需要可视化的数据选取、转换到可视化数据层，这一层的数据是计算机根据用户检索条件筛选过的；映射过程则把可视化数据对应到相应的可视化数据模型中，这时的数据与可视化数据模型中的图或树中的节点、连线等对应起来，建立起映射关系。

具体说来，知识可视化的流程是：系统处理从本体分子库中选取合

① 董慧，姜赢，曾杰，高巾等．基于数字图书馆的本体演化和知识管理研究Ⅲ——动态知识描述［J］．情报学报，2009（5）：643－650.

适的数据，将其转换成可视化工具可解析的数据结构，可视化工具通过数据映射把数据描述成为视图的组成成分——节点和连线。不同的可视化策略采用不同的技术手段（布局、映射、显示）把这些节点和连线转化成视图，显示在用户界面中。用户与用户界面交互可以通过可视化策略得到新的视图。

用户交互是知识可视化模型中的重要部分。通过交互，用户得以从不同角度和层面了解与领会知识。它在提高用户的专注程度的同时，使用户可以按照自己思路的先后顺序学习知识的不同层面，增加了学习的主动性、灵活性与差异性。①

Prefuse 工具包实现了基本的用户交互。顶层交互界面的随意放大、缩小、旋转以及视角的变换移动使用户能够在知识的整体结构与任意结点的详细信息之间调整自如；元素的任意拖动效果使用户可以从不同角度观察领会知识的结构。

在应用开源 API 实现本体分子可视化的时候，要充分考虑的问题是数据结构的转换，基于本体分子的动态知识检索系统返回的结果是与本体分子模型相关的对象，如实例、关系及语句等，而开源 API 所接受的数据经常具有特定的数据结构，这需要开发者在进行二次开发时要实现两种不同的数据对象之间的映射。在选用基于 Prefuse 工具包进行二次开发时，传入可视化系统的不是 Prefuse 自身独特的数据处理对象（“table”“graph” 和 “tree”），而是本体对象，具体来说就是采用国际

① 董慧，高巾．电子政务中数字档案馆知识可视化模型设计与实现［C］．2007 第五届信息资源研究研讨会论文集，2007：214－228.

流行的开源 Java 本体开发工具包 Jena 所创建的 OntModel、OntClass 等本体对象以及使用本系统为解决动态知识所开发的本体分子工具包所创建的本体分子对象。

为解决不同对象的转换问题，我们的可视化模型在 Prefuse 的基础上添加了数据对象映射层，负责本体和本体分子对象与 Prefuse 数据对象的互相映射转换。数据模型层沿用 Prefuse 本身的内容。抽象可视化数据模型层进行了二次开发，加入了具有本系统特色的颜色、字体、动画等抽象数据类。交互界面层沿用了 Prefuse。模型的体系结构具体如图 4 - 14。①

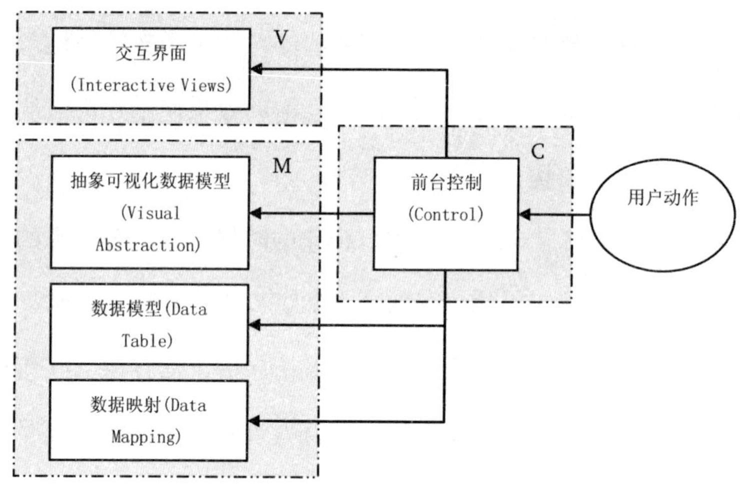

图 4 - 14　可视化系统基本体系结构

① 董慧，姜赢，曾杰，高巾等．基于数字图书馆的本体演化和知识管理研究Ⅲ——动态知识描述［J］．情报学报，2009（5）：643 - 650.

（3）JfreeChart。JFreeChart① 也是一个 Java 开源项目，它主要用来显示各种各样的图表，这些图表包括：线图、区域图、饼图、分布图、柱状图（普通柱状图以及堆栈柱状图）、甘特图、混合图以及一些仪表盘等等。这些不同式样的图表大致上可以满足目前各个实际应用的要求。从心理学上讲，多目标对象个数多于七到八个的时候，人往往缺乏在瞬间知道目标对象的能力，更不太可能记住各个对象之间的差异。JFreeChart 能够将较大规模的数据进行条理化的显示。

本体分子技术提供了一种全新的知识组织和知识检索方式。基于本体分子技术的动态知识检索系统采用了与传统检索系统和本体检索系统所不同的知识组织方式。而这种变化对用户来说应该是透明的。用户应该不需要或者尽可能少地需要为了使用新系统而进行的学习。这要求新的系统能够实现新的知识组织方式和用户已有的使用习惯、思维方式之间的衔接。那么就要采用可视化技术来实现这种衔接，给用户一个直观的检索结果。引入可视化技术之后，用户无需了解什么是本体分子技术，不需要掌握本体分子是如何对知识进行组织管理的，也能轻松地与系统进行交互，提交检索请求，查看检索结果。②

---

① JfreeChart［OL］.［2008－08－10］. http：//sourceforge. net/projects/jfreechart/.

② 董慧，姜赢，曾杰，高巾等. 基于数字图书馆的本体演化和知识管理研究Ⅲ——动态知识描述［J］. 情报学报，2009（5）：643－650.

4.8 本章小结

本章从动态知识组织的目标是为动态知识整序并最终为用户提供动态知识谈起，而动态知识检索是为用户提供动态知识的一种方便、快捷的方式。鉴于此，本章提出了基于本体分子的动态知识检索模型，从知识的获取、本体分子库的构建、用户查询和结果反馈、Lucene 检索引擎以及知识的可视化五个部分探讨了动态知识检索系统的实现，同时在此过程中重点讨论了每一个部分所需的关键技术支撑，如本体分子建库工具软件（OMProtégéPlugin）的设计和开发、可视化工具的选择（Prefuse 和 JfreeChart）、Lucene 工具包的使用等等。

5　基于本体分子的动态知识组织模型的应用案例

5.1　拟解决的关键问题

本文前面几章已从动态知识获取、动态知识描述、动态知识存储等多方面探讨了动态知识的组织问题，并结合本体分子的动态知识组织模型设计了详细的、可实施的动态知识检索模型。理论探讨需由项目实践来支持，动态知识检索的实现过程及技术支撑在前面已经十分详细地探讨过，本章不再赘述，而从特定领域动态知识库的构建、检索结果的可视化以及动态知识检索系统功能等方面进行阐述。本章拟解决的关键问题包括：

（1）基于本体分子的电子政务领域动态知识检索系统体系结构是怎样的？

（2）如何进行动态知识抽取？电子政务领域动态知识库的构建步

骤又是怎样的？

（3）电子政务动态知识检索系统到底有哪些功能？

5.2 应用案例项目简介

“知识管理技术方法在数字档案馆建设中的应用研究”是由湖北省档案局（馆）和武汉大学信息资源研究中心共同承担的由国家档案局2006年下达的科研项目。

随着现代信息技术的迅速发展和大量电子文件的产生，数字档案馆的研究和建设成为我国档案界关注的热点。数字档案馆与传统档案馆相比，有着丰富的数字化资源、海量的存储、便捷的检索、快速的传输、高度的开放、信息的共享等优点。传统的档案管理注重对档案信息的收集、处理、保存和服务，当档案馆成为电子政务中不可缺少的一个重要组成部分时，其职能的转变对档案管理的能力和水平要求就更高了。从文献性质来看，档案文献不仅仅有过去的文献，还应有公文流转中的文献，从文献功能来看，档案文献不仅仅有一卷一卷的文献信息，还应提供文献中的知识，以及知识的动态变化情况给领导抉择做参考。

以电子政务文件流转为例。关于政策的相关内容通常是变化的：由于国内外形势的变化，各种政策的创建、修改甚至否定都比较普遍。政府部门往往希望通过归档之后的政务公文档案得到决策支持的帮助，但是传统的职能只是为定期的政务公文提供用户服务，在电子政务环境下，文件流转中的文件需要及时存档并为用户提供服务，同时还要将文件的动态演化的知识提供给政府抉择者参考，这种服务机制，一般决策支持是无法进行的。

例如，中央下发某方面的政策文件（简称 A 文件），地方要下达贯彻中央文件精神的文件（简称 B 文件），贯彻一段时间后根据本地情况作了某些补充（补充文件简称 C 文件）。如何对档案文件中的这种动态演化的知识进行管理。这是数字档案馆在新环境下面临的一个新课题。因此，本项目在这种背景下，将本体分子的动态知识组织模型引入数字档案馆建设，解决电子政务档案动态演化问题。

5.3　基于本体分子模型的电子政务领域动态知识检索

湖北省档案局已将 2000 年以来的 11662 篇政务公文进行了数字化归档，这些数字化的文档就是我们下一步进行动态知识抽取的源数据。这些公文涵盖社会经济政治生活的各个领域中的各种事项：有政府专项工作的部署、总结，也有职能部门对相关领域的工作汇报；有会议精神的传达，也有对社会突发事件的报道；内容包括省委、省人大、省政府、省政协以及省委各部委、省级国家机关各委办厅局、各人民团体、各事业单位等形成的法规性、政策性、服务性、公益性文件的目录。这些公文内容广泛，时间跨度长，信息量大，总共文字近 2000 万。湖北省档案局不仅将这些政务公文进行扫描，数字化归档为 Tif 格式的图片，还提供这些电子政务公文网上查询服务，提供给用户检索号、组织机构、关键词、地名、人物、文件编号、责任者和时间等多种检索入口，可以说其功能是比较完备的。但是这种仅仅基于元数据或主题词的查询服务，很难满足知识共享、辅助决策等电子政务需求。①

由于本体分子兼具对知识关联及知识动态变化的揭示两方面的优势，利用本体分子对数字档案进行知识更深层次的提炼，结合湖北省档案局电子政务数字档案知识检索的具体要求，我们构建了湖北省档案局电子政务档案动态知识检索系统。

该系统整体设计采用 B/S 模式，以 J2EE 框架的系统体系结构实现。客户端使用浏览器（IE、Netscape 等）访问服务器提供的 Web 接口或 Web 页面；服务器端采用多层体系架构设计，包括：基于 Web 服务器的视图层（Applet，JSP，Servlet）、控制层（Struts），基于应用服务器的模型层（EJB），基于数据库系统的数据存储层等，系统的整体结构如图 5－1 所示。

视图层由两部分构成，前台和后台，前台面向用户，后台面向数据录入员和管理员。该层为用户通过浏览器访问档案知识管理系统提供了一个基于 Web 的接口，该层所采用的主要技术包括 Applet、JSP、Servlet 等。其中 Applet 主要在客户端，由浏览器执行；JSP、Servlet 运行在服务器端 Web 服务器上。Applet 中可以放置利用 Prefuse 开发包开发出来的可视化图形，并实现动态演示的效果，同时 Applet 可以在客户端跟用户进行交互，为电子档案的浏览提供方便。

控制层的主要功能是完成页面流（Page Flow）的调度和数据流

① 周义刚．基于本体的电子政务领域数字档案知识管理系统的设计与实现［J］．图书情报工作，2009（15）：129－132.

(Data Flow) 的转发控制。要控制不同保密措施的电子政务文档，就需要有权限控制机制。我们采取了成熟的 Struts 框架来实现控制层，将权限验证放在 Action 的基类中。Struts 对于前台页面流的调度提供了专门的控制器，而对于数据流的转发提供了一系列实用的 API 和标签库。

模型层采用中间件技术，由 EJB3.0 技术实现，运行在应用服务器中。EJB 规范是 Java EE 技术的核心部分。以前的 EJB2.x 相当复杂，需要配置冗长的 XML 部署描述符，EJB 的调用过程也相当复杂。EJB3.0 对 EJB2.x 进行了大刀阔斧的改进，XML 部署符成为可选项，可以通过采用 Annotations，使得 EJB 的配置大大简化；EJB 成为 POJO 和 POJI，EJB 的实现类不需要去实现 javax.ejb 中的接口，从而也不用去实现接口中的回调函数，大大简化了 EJB 的使用过程；实体 Bean 成了完全的 O/R 映射，新的实体 Bean 已经是完全的 POJO，而且在 EJB3.0 中，EJBQL 已经变得功能很齐全，它增加了 group by、having、子查询、批量更新和删除，同时支持动态查询，新的 EJBQL 能完成以前需要通过容器特定的 QL 或直接使用 JDBC 才能完成的功能，保证了可移植性。鉴于 EJB3.0 可以简化应用程序的开发，开发人员不必理解系统底层事务和状态管理的细节，并且 EJB3.0 遵循 java 语言的 "Write once, run anywhere" 原则，只需开发一次，便可在不需要修改源码和不需要重新编译的情况下，部署到多个平台上的特点，我们选择了 EJB3.0 作为我们开发模型层的框架。另一方面，信息技术的不断革新，带动了政府信息化的道路，希望借助信息科技提高政府的服务效率与服务质量，引发了电子政务流程再造的热潮。电子政务流程重组导致各种电子档案服务的组合与重用，而 EJB3.0 的会话 bean 则是一种符合国际标准的解决方案。

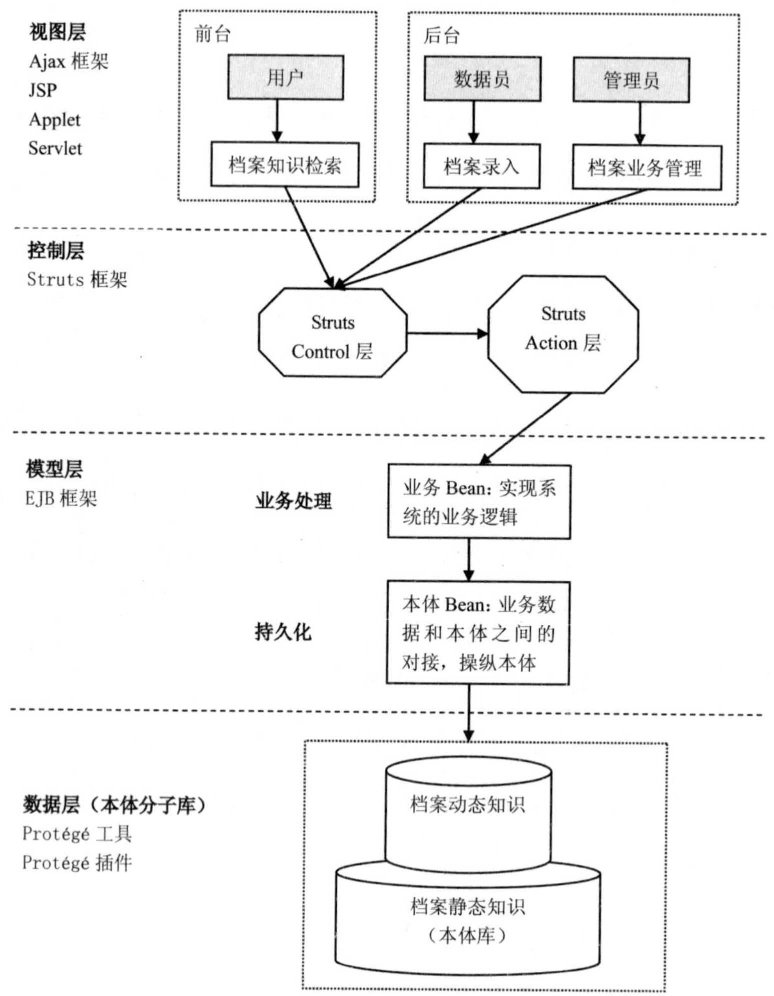

图 5－1　湖北省档案局电子政务档案动态知识检索系统体系结构

数据层若有动态知识，则本体分子库由两层构成，即动态知识库和静态知识库（本体库）。下层是“档案静态知识（本体库）”，它是整个系统的基石。该层对语义类、语义属性、语义关系以及语义规则进行了定义。由于本体描述语言（OWL）可以很好地定义语义实体以及语义实体的关系，在该模块中，我们选择了用 OWL 进行语义信息描述。上层是“档案动态知识库”，用来存储电子政务档案中的动态知识。

5.4 电子政务领域动态知识检索系统的实现

5.4.1 电子政务领域动态知识抽取

湖北省档案局的文件数据有以扫描的图片 TIF 格式存放和以数据库形式存放的两种。TIF 格式的扫描文件用来对档案公文进行数字化，数据库中保存着政府公文的某些元数据信息。因数据库已经具有良好的结构，动态知识抽取过程主要针对 TIF 格式的政府公文。我们需要对 TIF 格式的数据进行文本识别，然后在领域专家的协助下进行档案知识的抽取工作。

由于国家对红头文件的格式有着一定的显性的限制，并且长期以来，红头文件的书写也产生了一定的潜在的规律。这些限制和规律为信息管理工作，为电子政务档案动态知识的抽取提供了一定的便利。从某种程度上讲，电子政务档案介于纯文本和元数据结构之间。电子政务档案一般由文件头、正文和文件尾组成，某些文件可能有附件。正文一般由以下几部分组成：标题、主送机关、原由和事项。原由有依据和目的两种，事项的书写方式一般有并列式和递进式两种。其具体结构见图 5

-2。①

电子政务档案文件往往在最开头的“文件头”段落中，介绍档案的来源、目的和核心内容。例如，湖北省的某个档案文件会首先声明它“贯彻”于某个中央文件，而又针对当年的湖北省的具体情况做了相应的“补充”，“补充”的具体条款有哪些？这是一种纵向的动态知识演化。再比如，湖北省的某个档案文件会声明它将“修改”前几年制定的某个政策文件，并指明“修改”的具体条款有哪些，这是一种横向的动态知识演化。

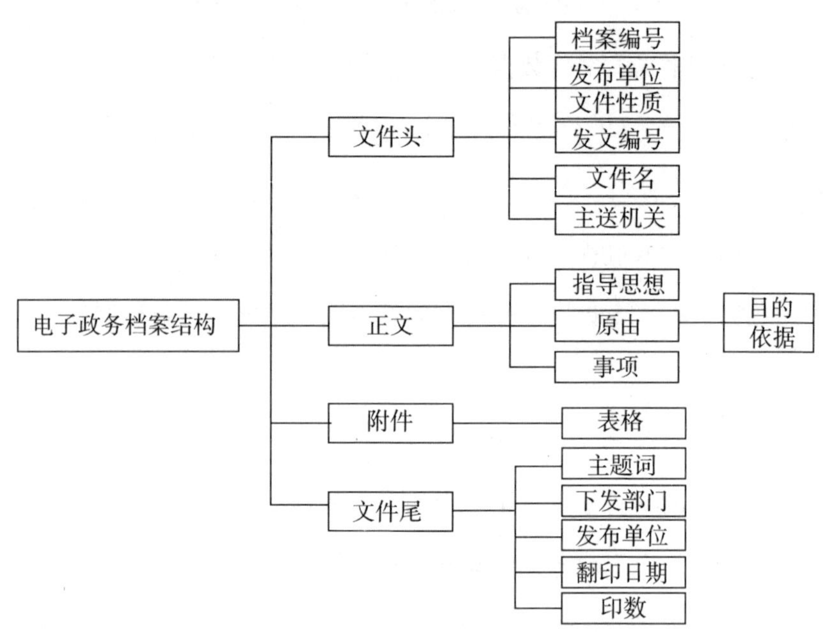

图 5-2　电子政务档案结构

① 周义刚，董慧．电子政务领域数字档案本体的构建［J］．图书馆情报工作，2009（19）：112-116.

根据电子政务领域电子档案的结构，我们可以先将扫描的图形档案通过 OCR 识别转换成纯文本保存起来，然后就可以使用自然语言处理技术，通过诸如“补充”和“修改”等关键词句分析抽取文本中的动态知识，因为这些电子政务档案中的这些动态知识的声明非常规范，可以通过正则表达式来完成动态知识的抽取工作。

在对动态知识进行抽取后，可以采取某种形式将中间数据进行存储，本项目采用 XML 方式对抽取的数据进行存储，如图 5－3 所示，是经过转化而成的 XML 文件的片段。

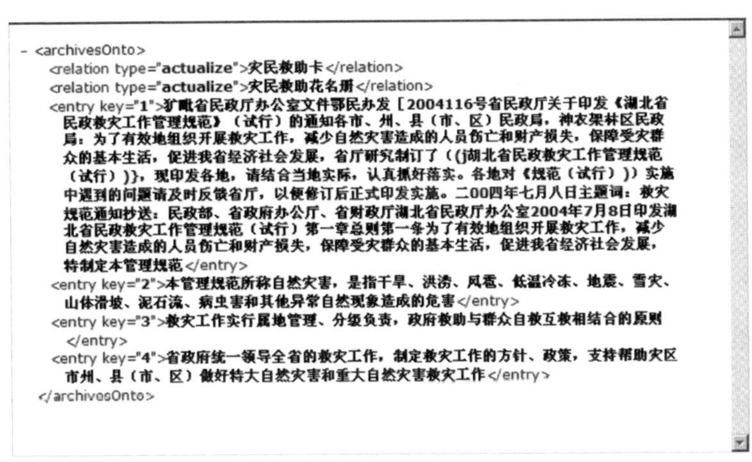

```
- <archivesOnto>
    <relation type="actualize">灾民救助卡</relation>
    <relation type="actualize">灾民救助花名册</relation>
    <entry key="1">犷毗省民政厅办公室文件鄂民办发［2004116号省民政厅关于印发《湖北省民政救灾工作管理规范》（试行）的通知各市、州、县（市、区）民政局，神农架林区民政局：为了有效地组织开展救灾工作，减少自然灾害造成的人员伤亡和财产损失，保障受灾群众的基本生活，促进我省经济社会发展，省厅研究制订了（(j湖北省民政救灾工作管理规范（试行））}，现印发各地，请结合当地实际，认真抓好落实。各地对《规范（试行））》实施中遇到的问题请及时反馈省厅，以便修订后正式印发实施。二00四年七月八日主题词：救灾规范通知抄送：民政部、省政府办公厅、省财政厅湖北省民政厅办公室2004年7月8日印发湖北省民政救灾工作管理规范（试行）第一章总则第一条为了有效地组织开展救灾工作，减少自然灾害造成的人员伤亡和财产损失，保障受灾群众的基本生活，促进我省经济社会发展，特制定本管理规范</entry>
    <entry key="2">本管理规范所称自然灾害，是指干旱、洪涝、风雹、低温冷冻、地震、雪灾、山体滑坡、泥石流、病虫害和其他异常自然现象造成的危害</entry>
    <entry key="3">救灾工作实行属地管理、分级负责，政府救助与群众自救互救相结合的原则
      </entry>
    <entry key="4">省政府统一领导全省的救灾工作，制定救灾工作的方针、政策，支持帮助灾区市州、县（市、区）做好特大自然灾害和重大自然灾害救灾工作</entry>
  </archivosOnto>
```


图 5－3　XML 文件结构示例

5.4.2　电子政务领域本体分子库的构建

（1）电子政务领域静态知识库的构建

动态知识抽取完成之后，可以使用前文“静态知识库的构建过程”中介绍的流程来构建本体库。详细过程与这节中介绍的方法和步骤相同，本节只作个简单的介绍，不再详述。

按照本体库的构建过程，在本项目中，我们首先在领域专家的协助下确定核心概念集。在充分分析了档案公文的结构形式和内容特征之后，确定了“人物”“组织机构”“文件对象”和“事件”四个核心概念。核心概念作为概念模型的顶级概念，须满足没有二义性、互不相交和并集覆盖电子政务数字档案知识的要求。①

确立核心概念后，我们对由这组具有本体雏形的核心概念进行扩展，建立整个本体概念模型。这是一个自顶向下的过程，即根据事先定义好的上一层父类，分别逐步细化说明其下一级子类。

概念层次结构确定后，就需要通过概念间的关系，即属性来充实了。根据我们的项目的特点，概念需要定义两种属性，一种用于描述概念的自身信息和结构，另一种用于描述概念之间的关系，即数值属性与对象属性。同时，还需要进行概念和关系明确定义的工作，即对属性自身的性质，如取值类型、允许取值以及属性的基数进行说明。

然后，我们利用 OWL 描述语言显式地形式化上个阶段完成的概念模型，这部分工作主要是通过 Protégé - OWL 插件的本体开发工具来完成的。出于本体资源可重用性和开发协同性的考虑，我们没有像大多数本体构建项目一样，将四个核心概念和角色属性类本体定义在一个 OWL 文件里。而是将四个核心概念分开定义到四个 OWL 文件，角色属性类根据其语义增强的对象的不同定义到不同的本体文件中，这样就得到四个本体文件。

① 周义刚，董慧．电子政务领域数字档案本体的构建［J］．图书馆情报工作，2009（19）：112 - 116.

同时，我们通过 OWL 中的注释属性来对本体资源（类、属性、实例等）进行标注。利用这些属性我们可以标注本体资源的版本信息、领域信息、分类信息以及开发者、备注等。这有助于开发人员的分享、交流以及其他 Web 服务和本体获取工具对该领域本体资源的识别和使用。Protégé 中还提供了逻辑检测的功能。我们利用 Racer 推理机对本体库概念和属性进行逻辑检测，保证了所建立的本体库结构的正确性。

最后，是关于本体实例化的工作，实例化工作包括实例声明、实例描述和关系关联三个部分。因为我们本体构建项目的特点是侧重信息描述（实例表现），所以实例化是整个开发工程过程中工作量最大，最为烦琐的部分。虽然 Protégé 可以帮助我们自动生成符合 OWL 语法的库文件，但是手工在 Protégé 中进行大量的实例声明、实例描述和关系关联仍然是非常烦琐的。为了减轻本体构建的工作量，我们充分分析了电子政务领域电子档案在结构上的特征，实现了本体实例的自动化添加。

本体实例的自动化添加过程主要是利用 dom4j 对上节抽取的 XML 文件进行解析，然后利用 Jena API 将 XML 文件转换成 OWL 文件，如图 5－4 所示。

```
<TextEntry rdf:ID="_30899_entry7">
  <belongsTo>
    <Notice rdf:ID="_30899">
      <hasDocumentNumber rdf:datatype="http://www.w3.org/2001/XMLSchema#string"
      >鄂民办发[2004]16号</hasDocumentNumber>
      <hasPublishTime rdf:datatype="http://www.w3.org/2001/XMLSchema#string"
      >20040708</hasPublishTime>
      <hasPublisher>
        <Organization rdf:ID="_-364691169">
          <rdfs:label rdf:datatype="http://www.w3.org/2001/XMLSchema#string"
          >湖北省民政厅办公室</rdfs:label>
        </Organization>
      </hasPublisher>
      <rdfs:label rdf:datatype="http://www.w3.org/2001/XMLSchema#string"
      >省民政厅关于印发《湖北省民政救灾工作管理规范》（试行）的通知</rdfs:label>
      <actualize>
        <Document rdf:ID="_1675524790">
          <rdfs:label rdf:datatype="http://www.w3.org/2001/XMLSchema#string"
          >灾民救助卡</rdfs:label>
          <hasTitle rdf:datatype="http://www.w3.org/2001/XMLSchema#string"
          >灾民救助卡</hasTitle>
        </Document>
      </actualize>
```

图 5－4　利用 Jena API 生成的 OWL 文件

（2）电子政务领域动态知识库的构建

本体库构建完成后，可以使用“4. 4. 3 本体分子库的构建过程”中介绍的流程来构建本体分子库。此阶段的主要工作就是根据电子政务领域动态知识检索系统的需求在已经建好的本体库的基础上，为知识的可变部分添加代表一定约束的维度容器。

①领域核心类的识别

由于该领域本体类比较少，并且项目需求明确，故主要采用领域专家手工作业的方法来确定核心类别。以本体库中的类别为基础，领域专家共挑选了五个核心类别，其中以文件类和问题类最为重要，如下：

●文件类（*Document*）

文件类有 14 个子类：通告（*Announcement*）、通报（*Aviso*）、公告（*Bulletin*）、命令（*Command*）、意见（*Comment*）、会议纪要（*Conference－Summary*）、决定（*Decision*）、指示（*Designation*）、通知（*No-*

tice）、函（*Official - Letter*）、规则（*Principle*）、议案（*Proposal*）、报告（*Report*）、批复（*Reversion*）。

●条目类（*Entry*）

条目类有两个子类：文件头（*HeadEntry*）和正文条目（*TextEntry*）。

●问题类（*Issue*）

●组织机构类（*Organization*）

●问题反映类（*Reflection*）

在本项目中，确定以上五个核心类是基于以下几方面的考虑：文件是系统提供给用户的最主要的概念单元。另外在项目所在领域，政府公文也是用户关注的焦点。人们的检索请求通常是基于某一份或某几份文件的。条目是领域内的另一个非常重要的概念。通常某一份文件是解决某一类问题的，但对详细行为的具体约束是来自于条目的。条目也是用户关注的一个焦点，比如用户想获得有关某一主题，某一问题的各级单位，各类单位的不同规定。这要求系统以条目为单位来对结果集进行组织。问题类（Issue）是社会生活中的某一主题，比如再就业、医疗改革等。问题类通常是文件产生的原因，关注问题类有利于将同主题的各个文件组织起来。

除了以上五个核心类，在领域专家的帮助下，我们还提取了12个主要属性：

●文件关系有：贯彻（*actualize*）、印发（*press*）、补充（*supplement*）、回复（*reply*）、结合（*combine*）、转发（*transmit*）、修改（*amend*）。

●条目跟文件的关系：属于（*belongsTo*）。

●条目跟条目之间的关系：替代（*substitute*）。

●文件跟组织机构的关系：责任者（*hasPublisher*）。

●反映问题的主题（*hasReflectionTopic*）。

●文件来源于问题：来源于（*originateFrom*）。

②本体分子维度的抽取

本体分子维度的确定过程也是本体库中静态知识和动态知识的区分过程。若本体分子中定义的所有维度都不影响到三元组表达的知识的正确性，则该三元组表达的为静态知识。在本项目中，影响到动态知识正确性的因素主要是时间，所以很自然时间就是本体分子的维度。如对于“再就业”问题，国务院曾在 2003 年出台了一个政策文件，接着湖北省针对这个政策文件在 2004 年制定了适合自己本省情况的省一级别的政策，其中包括对国务院政策的贯彻及省级地方特色条款，2005 年湖北省又颁布了 2004 年政策的增修条款，影响到这一系列变化的关键因素是时间，那么我们可以将时间作为维度。

③建立本体分子概念模型

根据项目需求以及已经构建的本体库和本体分子维度的确定情况，我们可以进一步确定本体分子模型。明确定义出本体分子的核和本体分子的外围对应的知识概念。还是用前面讲的一个例子，国务院曾在 2003 年出台了一个关于“再就业”的政策文件，接着湖北省针对这个政策文件在 2004 年制定了适合自己本省情况的省一级别的政策，其中包括对国务院政策的贯彻及省级地方特色条款，那么国务院出台的这个文件就是本体分子的核，这个文件是不能被修改的，而湖北省制定了省一级别的特色条款就是本体分子的外围。

④本体分子中类属结构的定义及本体分子实例化

通过我们开发的本体分子建库工具 OMProtégéPlugin 形式化上个阶段完成的本体分子的概念模型，包括本体分子本身的一些概念，手工添加本体分子特有的核心概念及关系，如：OntologyMolecule、DGraph、DimensionContainer、Dimension 等等。这个过程和步骤在“4.4.2 本体分子建库工具软件——OMProtégéPlugin”已经详细地介绍过，这里就不再赘述。

这里需要说明的是有关本体分子实例化的问题。本体分子实例的添加主要通过基于规则的机器转化来实现，辅以人工干预及人工建库。本体分子实例的添加过程不可能实现完全的自动化，即使是机器转化过程也需要人工的规则分析和转化监控。并且对于不同的本体分子模型，转化规则也不一样。①

本项目中，有两类本体分子可以通过基于规则的机器转化来完成，即有地方文件的中央文件类本体分子和问题类本体分子。前者以中央文件为核，地方文件为外围。后者以问题为核，由问题引申出来的文件为外围。笔者简单介绍第一类本体分子的建立过程。第一类本体分子的实例构建过程主要包括以下步骤：发现特定关系文件对或文件组合→识别中央文件→建立本体分子核的实例→识别地方文件→建立本体分子外围→根据抽取的维度选择维度类型→定义维度实例的值并建立维度容器→设置本体分子核和外围的维度容器→本体分子实例建立完成。

手工的本体分子实例建立主要是建库人员在本体分子建库插件的帮助下手工完成的。关于使用本体分子建库插件 OMProtégéPlugin 建立本

① 曾杰．基于本体分子的中文知识库构建［D］．武汉大学硕士学位论文，2009.

体分子工程、手动添加和删除动态三元组、手动添加和删除本体分子的核子和本体分子的外围以及本体分子的管理等等，在4.4.2节中已经详细演示过，这里就不再阐述了。

⑤本体分子的存储

在该项目中，我们选择了AllegroGraph作为存储服务器，所以在OMProtégéPlugin中，实现层选用AllegroGraph提供本体分子库的存储。首先要将本体库存储到AllegroGraph的服务器中：先利用Jena API将Protégé－OWL所管理的owl文件转化成AllegroGraph所要求的ntriple格式；再利用AllegroGraph API将转换后的ntriple格式的文件存储到服务器中。然后在AllegroGraph服务器中添加本体分子关联信息，具体来说就是将动态三元组添加动态三元组ID转成四元组，并建立动态三元组ID与对应的DGraph、DimensionContainer实例的关联信息。具体实现代码如下：sid = ag. addTypedLiteral（“01012”，“statement_ id”）；

```
addStatement（
        “<http://localhost/EGovOntPro/owl/EGovDocument. owl#_
22345_ entry5>",
        “<http://localhost/EGovOntPro/owl/EGovDocument. owl#be-
longsTo>",
        “<http://localhost/EGovOntPro/owl/EGovDocument. owl#_
22345>",
    Sid)；
ag
    . addStatement（
```

```
        " <http://localhost/EGovOntPro/owl/EGovDocument.owl#DC_0305_forever>", "<http://www.sim.whu.edu.cn/OntologyMolecule.owl#applysDimensionContainerTo>",
    sid);
  ag
    .addStatement (
        " <http://localhost/EGovOntPro/owl/EGovDocument.owl#work_core>", "<http://www.sim.whu.edu.cn/OntologyMolecule.owl#hasDStatements>",
    sid);
```

5.4.3 建立 Lucene 索引

湖北省档案局提供的文件数据中有一部分是以数据库的形式存储的，数据库中保存着政府公文的许多元数据信息，如用户检索号、文件编号、文件名、责任者、时间等等多种元数据信息，这些宝贵的元数据的存在免去了我们的大量工作，我们不必从原始的图片文档中抽取这些元数据信息。我们还需要利用 Dom4J，将本体库 OWL 文件中的 field 提取出来，与那些元数据一起来建立 lucene 索引。

Field	pfor Value
<FileID>	--- 0.鄂工商个[2003]164号
<PublishTim	--- 1.20031118
<Publisher>	--- 0.湖北省工商行政管理局
<SearchID>	--- 1.X039-2003-0067
<Title>	--- 0.省工商局关于执行再就业扶持政策有关问题的通知
<URI>	--- 1.http://localhost/EGovOntPro/owl/EGovDocument.owl#_24552

图 5－5 用 Lucene 开发包建立的索引

用 Lucene 开发包建立的索引如图 5 – 5 所示，其中“ <URI> ”是本体库中的 URI，其余的都是相关的元数据信息。通过这种方式建立了关键词⇒出现关键词的文章 URI 的映射关系，这样可以达到满足不同用户群体检索需求的目标，既可满足一般用户的基于关键词的全文检索的要求，又可以满足某些专业用户关联检索的需求，还可以满足部分高级用户知识动态变化过程检索的需求。

5.4.4 检索结果的可视化

（1）可视化工具的选择

根据本体分子及电子政务领域文档的特征，我们选择了 Prefuse 以及 JfreeChart 分别作为电子政务领域电子文档的动态演变检索和档案条目的动态演变检索的可视化工具。

之所以选择 Prefuse 是基于以下几点考虑：第一，Prefuse 提供“图结构”和“聚集结构”，视觉效果丰富，比较符合前文所提出的内容方面的需求；第二，Prefuse 基于 Java，使用 Java2D 图形，可以方便地进行二次开发或与整体项目的各子系统的整合；另外，Prefuse 可扩展性强，结构清晰合理，便于在此基础上进行功能扩展。

本系统中各种政府文件可能有几十条甚至上百条文件条目。为了显示各个条目之间的关系，用类似于 Prefuse 的图结构显然是不合适的，因为这可能导致图形中出现过多的结点和边。而根据上节介绍的 JfreeChart 的功能特征，可知 JfreeChart 能够较好地解决这个问题。

（2）可视化实现

根据“4.7.2 节本体分子可视化工具的选择”中的介绍，在选用 Prefuse 作为可视化工具时，需要解决不同对象的数据映射问题，需要将本体和本体分子对象与 Prefuse 数据对象做一个映射转换。

需要进行映射的数据对象及其对应关系如图 5－6。检索子系统将 Jena 中的 OntModel 对象传入可视化模型的数据映射层，OntModel 对象中包含大量类、关系以及实例对象。根据上图的映射关系，本体类和实例分别映射为对应的结点，本体分子对象映射为 Prefuse 的 Aggregate 聚集对象，对象特性（ObjectProperty）映射为对应的边，而所有本体对象的名称、URL、说明等等数据特性（DataProperty）则作为其所对应的 Prefuse 对象的属性保存。①

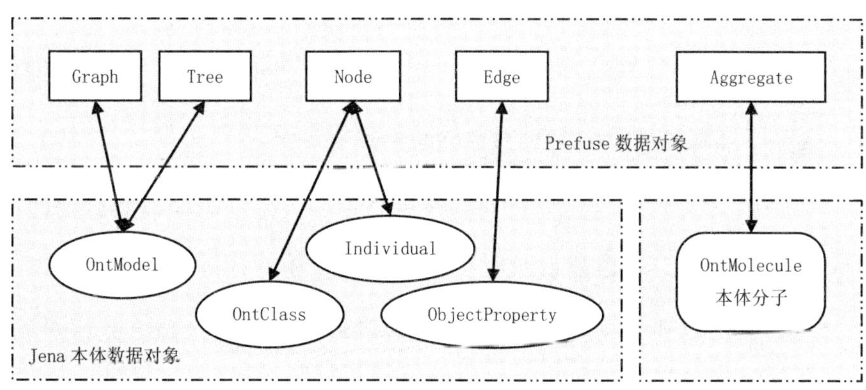

图 5－6 数据对象映射图

① 董慧，姜赢，曾杰，高巾等．基于数字图书馆的本体演化和知识管理研究Ⅲ——动态知识描述［J］．情报学报，2009（5）：643－650.

以下代码为本可视化系统的数据映射层将 Jena 中的 OntClass 对象映射为 Prefuse 中的 Node 对象的部分程序代码。

```
Node currNode = m_ graph. addNode ( );
currNode. setString (" URI", p_ currentClass. getURI ( ));
currNode. setString (" name", p_ currentClass. getLocalName ( ));
currNode. setString (" type", " class");
```

p_ currentClass 为将要映射为 Node 类实例的 OntClass 类的实例，m_ graph 为 Prefuse 中 Graph 数据类的实例。m_ graph 在图结构中新建一个结点 currNode 作为本体对象 p_ currentClass 在 Prefuse 中的映射副本，之后将 p_ currentClass 的数据特性（URI、本体名称、类别）添加到其映射副本 currNode 以“URI”“name”和“type”命名的属性的值域中。这样便完成了一次本体对象到 Prefuse 数据对象的简单映射过程。①

可视化系统中的映射在不同的情况下对于不同的本体对象有不同的复杂的处理方式，但是基本原理均与上文所叙述的相同。

在数据映射部分完成后，系统中已拥有了大量的 Prefuse 数据对象。这些对象接着被传送到系统的上层结构中。

系统在抽象可视化数据模型层将有关特定可视化的 Prefuse 数据对象同其对应的颜色、形状等外观数据绑定在一起，将特定的结构同其对

① 董慧，姜赢，曾杰，高巾等．基于数字图书馆的本体演化和知识管理研究Ⅲ——动态知识描述［J］．情报学报，2009（5）：643－650.

应的动画、将要应用于前台的用户交互控制，以及最终绘制图像的绘制类型绑定在一起。

以下代码将深灰色与结点的文字颜色绑定。

```
ColorAction aText = new ColorAction ( NODES, VisualItem. TEXTCOLOR) ;
aStroke. setDefaultColor ( ColorLib. gray (100) ) ;
aStroke. add (" _ hover", ColorLib. rgb (255, 100, 100) ) ;
```

在交互界面层，绘制对象将所有的视觉对象绘制到前台界面的显示区域内。以下代码表示的是管理绘制的对象。

```
DefaultRendererFactory drf = new DefaultRendererFactory ( ) ;
drf. setDefaultRenderer (labelR) ;
drf. add (" ingroup ('aggregates') ", polyR) ;
drf. add (new InGroupPredicate (EDGES) , edgeR) ;
```

随着用户与图像交互动作的发生，前台控制层将用户动作所对应的一系列操作反馈给数据映射、数据模型、抽象可视化数据模型和交互界面层，触发新一轮的图像绘制动作。以下代码为负责用户交互的控制类，它们通过 addControlListener 方法被注入到前台界面中，在用户发出动作时进行响应。

```
this. addControlListener (new AggregateDragControl ( ) ) ;
this. addControlListener (new PopupControl ( ) ) ;
```

在 Prefuse 的基础上，结合本项目的实际特点，我们加入了大量具有项目特色的交互设计。对每个元素，大到本体分子，小到结点和边，我们都提供了右键菜单操作，用户可以选择查看动态知识元素的演变过程，也可以从图状结构的结点跳至结点所对应的原文，查看原始信息，还可以选择性查看特定类型的结点类型，更可以展开隐藏边，查看本体的具体推理路径。

利用 JfreeChart 作为档案条目的动态演变可视化工具的实现时，方法和思路跟利用 Prefuse 可视化文档动态变化是一样的，也是要将条目类和实例映射成 JfreeChart 的数据结构对象，这里就不做详述了。

5.5 电子政务领域动态知识检索系统功能

电子政务领域动态知识检索系统是在笔者构建的基于本体分子的动态知识组织模型的基础上开发的一个档案知识查询系统，由于底层的知识组织实际上是元数据、本体、本体分子三种知识组织工具的完美结合，所以在提供档案知识检索服务上也是全方位、多层次的。该系统的功能主要有基于关键词的全文检索、基于本体的档案关系检索以及基于本体分子的档案动态知识检索。本章将在介绍元数据、本体、本体分子三种知识组织工具的结合使用后，详细展示该系统以上三方面的功能。

5.5.1 元数据、本体、本体分子三种知识组织工具的结合

笔者构建的基于本体分子的动态知识组织模型，实际上是元数据、

本体、本体分子这三种知识组织工具的完美结合，在实际的知识检索系统应用中，又可以根据需求对这三种知识组织工具有所侧重。一方面，元数据可以帮助快速发现所要的资源；另一方面本体又可以弥补元数据不能充分发掘资源所含内容的缺陷，利用本体良好的概念层次结构、对逻辑推理的支持以及精准的概念及概念之间关系的描述可以对资源进行深度组织，便于为用户提供高质量的、个性化的、基于内容的知识检索服务；再者本体分子作为本体的扩展，又能解决本体所不能解决的动态知识组织问题，便于给用户直接呈现知识的动态变化过程和结果。该系统针对不同的用户群体实现了不同的检索需求服务，根据本项目的用户群体特征，可以进一步地将用户分为以下几类①：

公文书写者。政府机构或部门在书写公文时需要关心以下两个方面的问题，一方面是公文内容与部门已有的思想和政策是否相抵触，若抵触，如何协调和处理；另一方面是拟发布公文与上级机构的思想是否冲突，这种冲突是不被允许的。公文书写者需要查看上级政府的相关政令，以及部门以往的思想和政策。本体通过建立部门已有公文之间的关联，并用可视化的方式将不同时间段的相关主题之间的关系展现给用户。

事件关注和情报了解者。这类用户关注与事件相关的全部公文，本体分子所具有的专题功能可以将同主题的知识聚合起来，并消除冗余。这种呈现方式比以往基于关键字匹配的结果列表更为高效。也存在关注

① 周义刚，董慧．电子政务领域数字档案本体的构建［J］．图书情报工作，2009（19）：112－116.

目标不明确的用户，本体分子提供的多粒度知识管理实现了知识组织方式与用户逻辑的统一。用户可以在不同层次的概念之间轻松地实现跳转。

学习者。此类用户更关注公文中的指导思想，而不是具体的实施方案。这种新的思想是国务院组织相关专家进行多轮讨论，最终以公文的方式发放给各地方政府，由地方政府结合自身情况来具体实施。

寻求依据和了解责任者。有些公文是对个人或部门的约束。用户需要查询潜在的行为是否合乎规定。上级部门有领导方针、工作指导，这些是部门开展工作的凭据和规范。

人事、机构关注者。用户想要了解关于某个人的生平，最近的职务情况或者是他受到的所有奖励。基于本体的政务数字档案馆系统将人物这一概念从源文件中抽取出来，并且赋予一定的语义。对人物的检索不再仅仅是表面字符的匹配，而是语义的筛选。职务作为一个概念与某个特定的人物实例关联起来，本体分子可以处理这种关联随时间的动态变化。

5.5.2 基于元数据的全文检索

本项目已经利用 Lucene 开发包为文档库和本体库建立了索引，并且建立了关键词与出现关键词的文章 URI 的映射关系，这样使得该系统仍然保留了传统的基于关键词的全文检索的功能，又为下一步基于本体库的知识关联检索以及基于本体分子库的动态知识演化检索做好了准备。

该系统提供基于文件名部分匹配的初级检索和基于检索号、文件编号、责任者等联合检索的高级检索，通过这两种方式都可以迅速定位到所要检索的文档。如在初级检索入口输入“再就业”，检索结果如图5-7所示。单击其中一条检索结果后，出现档案关系检索，此时可以右键单击每个节点，可以检索档案全文。

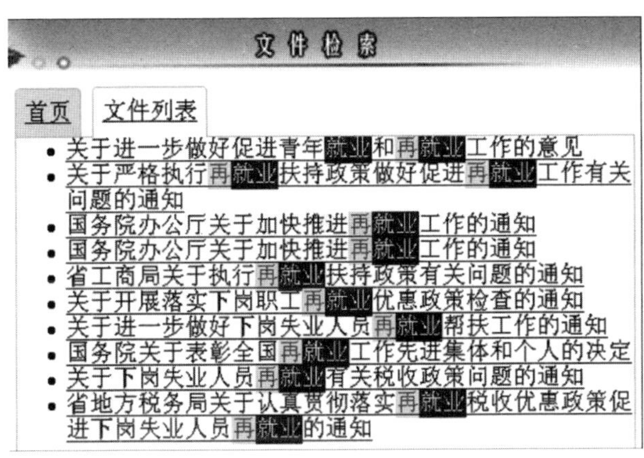

图5-7 电子档案关键词检索

5.5.3 基于本体的档案关系检索

数字档案的知识以本体的方式存储在本体库中，而知识服务需要通过各种途径对本体库中的知识进行检索。这种知识检索有别于传统关键词的信息检索，它主要包括两个方面：首先，对本体知识本身的检索，主要包括对本体类的检索和本体实例的检索。第二，对于本体知识之间关系的检索。尤其是后者，它通过挖掘知识之间的相互关系展现领域知识复杂的知识网络结构。电子政务中的电子文档并不是孤立存在的，它们之间存在着各种各样的关系：补充、修改、转发、印发、贯彻、集合。这些关系可以从文件头的描述信息中提取出来。例如，电子公文开头往往是“为了贯彻《某文件》……”，那么“为了……贯彻……《》”这种模式的语句可以通过正则表达式抽取出来，从而建立两个文件之间的“贯彻关系”。人们可以通过这些关系了解档案制定的依据以及各种相关环境因素。这种知识关系检索的功能是传统信息检索所不能完成的功能，它对于应用数字档案知识进行辅助决策有非常重要的价值。①

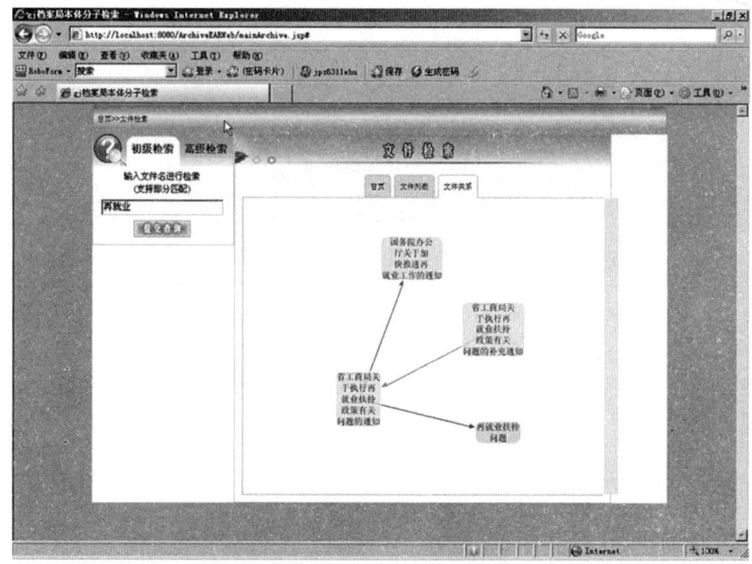

图 5－8 电子档案关系检索

本系统提供这种数字档案关系的检索入口。如图 5－8 所示，在系统左边的检索入口处输入“再就业”，并在右边的文档列表中点击《省工商局关于执行再就业扶持政策有关问题的通知》，关于这个电子文档

① 周义刚．基于本体的电子政务领域数字档案知识管理系统的设计与实现［J］．图书情报工作，2009（15）：129－132.

和其他文档的关系的检索结果就显示在“文件关系”Tab 中。图中节点表示的是电子档案，边表示的是档案与档案之间的关系。通过这种可视化的方式，我们可以很容易看出档案在档案库中的属性、特征，以及它与其他档案之间的关联。

用户把鼠标放在边上，边通过 tooltip 的方式显示出档案之间关系的具体内容，比如《省工商局关于执行再就业扶持政策有关问题的通知》和《国务院办公厅加快再就业工作的通知》是“贯彻”的关系。而边的箭头是代表那个档案“贯彻”那个档案，表明这种关系的方向性。边的颜色代表用户鼠标操作的 focus 焦点：红色代表获得焦点；蓝色代表没有获得焦点。用户对图中某个档案结点点击右键，可以选择更深层次的检索：文档动态演变检索以及条目动态演变检索。

5.5.4 基于本体分子的动态演化检索

本系统与以前的检索系统最大的不同在于它使得用户可以检索不同时间维度下电子政务档案的动态变化过程和结果，这主要体现在如下两个系统功能上①：

(1) 电子政务领域电子档案文档动态演变检索

针对电子档案中档案文档之间的动态关系，本系统提供一种“档案动态演化”检索功能。该功能的目的在于挖掘档案之间的动态关系（如“贯彻”“修改”“补充”等）以及档案演化的过程（按时间演变

---

① 董慧，翁丹丹等. 电子政务档案知识管理模型总体设计［C］. 2007 第五届信息资源研究研讨会论文集，2007：40－45.

的过程与结果）。

档案的演化指的是档案所涉及的问题在各个不同的时间阶段所处的状态的变化过程以及结果。产生这种变化的原因是电子政务领域的电子公文档案往往是针对某一个问题制定的，而政府关于这个方面的政策精神往往也是随着时间的推移而变化的。

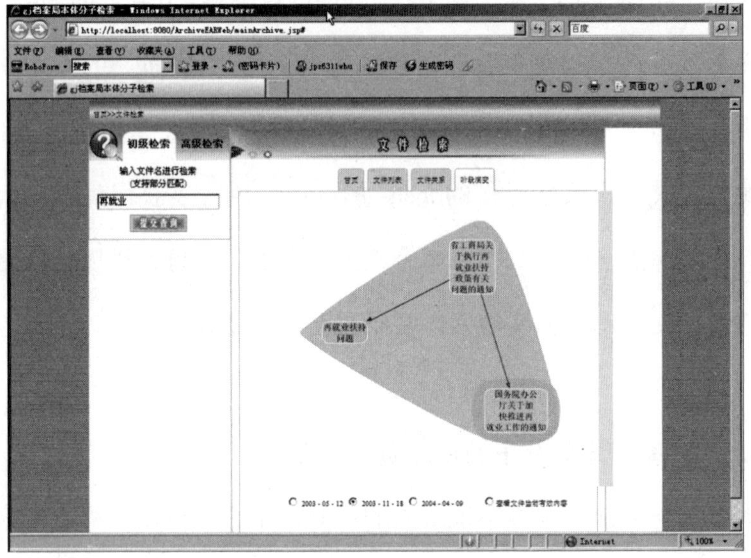

图 5-9　电子档案文档演化检索

例如，对于“再就业”问题，中央以及湖北省制定了相关政策和规定。如图 5-9 所示的单选按钮，它包括三个演化阶段①：

① Jiang Ying, Dong Hui. Towards ontology - based chinese e - government digital archives knowledge management [C]. In Proceedings of 12th European Conference on Research and Advanced Technology for Digital Libraries (ECDL 2008), Berlin: Springer, 2008: 13 - 24.

●2003－05－12：中央制定了《国务院办公厅关于加快推进再就业工作的通知》。

●2003－11－18：湖北省在“再就业”这个问题上，贯彻了中央制定的《国务院办公厅关于加快推进再就业工作的通知》这个文件的精神，又结合本地特殊情况制定了《省工商局关于执行再就业扶持政策有关问题的通知》。

●2004－04－09：湖北省又由于某些原因，制定了《省工商局关于执行再就业扶持政策有关问题的补充通知》，对上一个文件进行了补充。

用户通过点击单选按钮选择时间阶段，进而检索出关于“再就业”问题各个不同时间阶段电子档案的演化过程。

图5－9所示的是该演化过程中第二个阶段的内容。它包括两个本体分子，一个橙色聚集和一个褐色聚集。对于褐色那个本体分子，它的“核子”是《国务院办公厅关于加快推进再就业工作的通知》这个文件，因为这个文件是中央制定的，对于湖北省来说是不变的。而它的“离子”是《省工商局关于执行再就业扶持政策有关问题的通知》这个具有地方特色的可变部分。

（2）电子档案条目动态演变检索

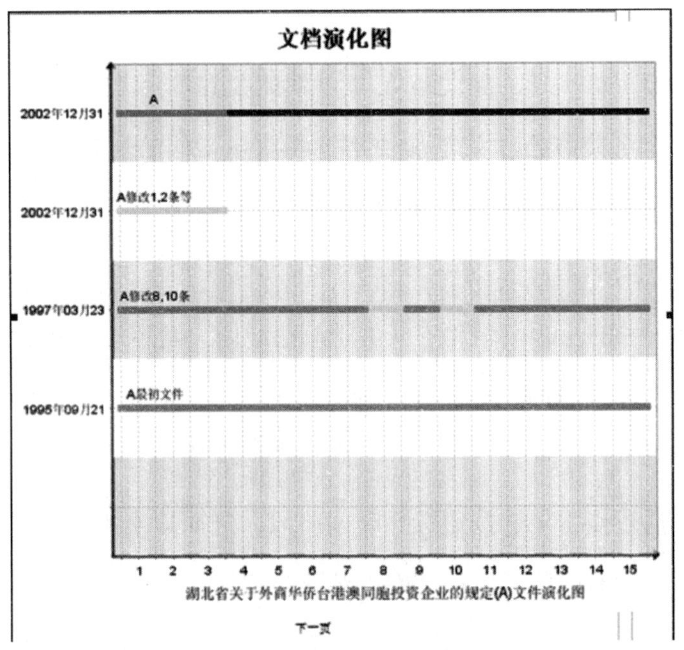

图 5－10 电子档案条目演变检索

针对电子档案文档根据时间的变化在原来的基础上会产生相应的变化的情况，本系统提供了一种“全局演变”检索功能。整个过程运用线条颜色代表了保留、继承、修改、删除等文件的多种关系，用来阐述一个文件的形成的整个过程。而在这个过程里，文件又不是孤立的而是与其他的文件相联系的。

文件的形成是由于上级颁布了一个初始文件，这个文件可能是一个指示、一个纲领，或者是一个精神性的指导思想，但由这个初始文件的发布（如贯彻中央第一号文件），地方政府就因此颁布了相关文件对这个文件进行继承。这个过程体现在本系统里如图 5－10 所示。

在这里，所演示的文件是湖北省关于外商华侨台港澳同胞投资企业的规定的演化图。在这个图里面，绿色代表的是文件的最初始条目，即完全没有修改过的，黄色代表的是经过修改后的条目，蓝色代表是添加的条目。

5.6 本章小结

本章从应用案例项目简介谈起，实现了基于本体分子的动态知识组织模型在电子政务领域中的应用。设计了基于本体分子的电子政务领域动态知识检索系统体系结构，在项目需求及已有的数据基础上详细介绍了该领域动态知识抽取、动态知识库的构建、索引的建立以及动态知识检索结果的可视化。最后总结了电子政务领域动态知识检索系统的功能并分析了元数据、本体及本体分子三种知识组织工具相结合使用的优点。

6　总结与展望

6.1　工作总结

随着语义网和本体技术的不断发展，本体在各个领域得到了广泛的应用。本体作为一种知识组织工具以其准确的概念及概念关联描述和逻辑推理能力见长，然而基于本体的知识组织仅仅局限于静态知识和绝对知识，对于动态知识组织并不能完全胜任。目前语义网中也没有完全成熟的动态知识组织方案。本文的研究就是在这样的背景下开展的。在这样的背景之下提出了基于本体分子的动态知识组织模型，并研究了该模型在实际项目中的应用。

本文是多个项目课题的研究成果之一：

(1) 国家自然科学基金项目“基于数字图书馆的本体演化与知识管理研究”（项目批准号：70773087）的课题研究。此项目针对本体技术只能解决知识描述和语义问题，无法处理动态知识和相对知识问题，提出了本体分子理论，并结合本体演化理论，解决知识中不变部分和可变部分的描述、组织和控制等问题，并重点研究本体分子构建、本体演化（追踪本体分子的变化过程及结果）模型与可视化显示问题，数字图书馆领域普遍存在动态知识，如何对这些知识进行深度组织，直接给用户提供个性化、智能化的知识检索服务，是一个值得研究的课题。所以动态知识组织问题也是项目中值得研究的问题之一。

（2）国家档案局科技项目“知识管理方法技术在数字档案馆建设中的应用研究”（项目批准号：2006－x－29）的课题研究。此项目将本体分子技术引入电子政务领域电子档案动态知识检索，开发了电子政务领域电子档案动态知识检索系统，很好地解决了政务公文的补充、修改、废止等动态知识的变化过程以及政务公文条目的动态演变过程。

本文研究的重点是依托本体分子这种新型知识组织工具，提出了一个动态知识组织模型，并重点探讨了动态知识组织过程，主要包括动态知识获取、动态知识描述、动态知识存储等等。在以上探讨的基础上，又阐述了该模型在动态知识检索系统中的具体应用，并全面探讨基于本体分子的动态知识检索模型、设计思路、关键技术以及实际系统实现等。具体来说，本文的主要研究工作包括：

（1）拓展了本体分子的理论内涵。由于本体分子的理论是笔者所在课题组经过多个项目的实践研究而提出的一种全新的理论，在许多方面还不够完善。笔者在继承现有研究成果的基础上，尝试着对本体分子理论的形式化描述做了一些微薄的工作，笔者还对本体分子理论中所独有的抽象语义概念，如：维度（Dimension）、维度容器（DimesionContainer）、本体分子的核（CoreGraph）、本体分子的外围（OuterGraph）、本体分子（OntologyMolecule）和本体分子图（Dgraph）等进行了定义。并在定义的基础上，明确界定了这些抽象概念间的关系。

（2）提出了基于本体分子的动态知识组织模型。笔者通过大量国内外相关研究的调研，在分析各种其他解决方案的优缺点的基础之上，提出了基于本体分子的动态知识组织模型来解决动态知识组织问题。并详细阐述了动态知识组织的过程。

（3）提出了基于本体分子的动态知识检索模型并开发了相关的应用支撑工具。如何将动态知识组织模型引入到实际的知识检索项目中，这牵涉到动态知识获取、动态知识描述、动态知识建库、动态知识检索结果可视化等一系列问题，这也是关系到本体分子动态知识组织模型研究实践意义的重要问题。动态知识检索是为用户提供动态知识服务的一种快捷的方式。为此，笔者设计了基于本体分子的动态知识检索模型，并在动态知识检索实现过程中重点谈了关键技术支撑，包括本体分子建库工具软件（OMProtégéPlugin）的设计和开发、可视化工具的选择（Prefuse 和 JfreeChart）、Lucene 工具包的使用等等。

（4）将基于本体分子的动态知识组织模型应用到实际的项目中。电子政务领域电子档案往往是动态变化的，参照上述动态知识组织及动态知识检索的研究工作实现了电子政务领域动态知识检索系统。根据笔者构建的基于本体分子的动态知识组织模型，实际上是元数据、本体、本体分子这三种知识组织工具的完美结合，该系统从而也实现了基于元数据的全文检索、基于本体的档案关系检索以及基于本体分子的动态知识检索三方面功能，分别为不同的用户提供不同的知识服务。

当然，由于时间关系和能力所限，本文有些工作并不够完善，如在本体分子的形式化描述方面并没有深入下去，还有在多维度动态知识描述方面，笔者还没有完成，因此文中没有写到。

6.2 未来的工作

本文在充分考查分析现有研究工作的基础上，提出了基于本体分子的动态知识组织模型，笔者希望它能够起到抛砖引玉的作用，以引起对语义网中动态知识组织的关注和更深层次的研究。动态知识组织包含内容很广，限于时间原因，本文对其中的动态知识获取、动态知识描述、动态知识存储以及基于此的动态知识检索、检索结果可视化等进行了研究，这是动态知识组织最核心的内容。为使该模型得到不断完善并在实际项目中发挥更大的作用，作者认为至少有必要在以下两个方面进行深入研究：

（1）多维度动态知识描述问题。语义网中引起知识的动态变化的因素往往不止一个，而是有两个或两个以上，这就有了多维度知识描述的问题。本文虽然构建了本体分子的动态知识组织模型，并给出了动态知识的描述方法及过程，但是这些描述都是基于一个维度，而没有对多维度动态知识的描述进行研究，在实际应用中，多维度动态知识问题是会经常碰到的，对于多维度动态知识描述问题的研究能够进一步提高本体分子动态知识组织模型在实际项目中的应用。

（2）本体分子的理论内涵的完善和发展问题。本体分子理论的提出拓展了知识组织的概念，深化了知识组织的目标和任务，但是该理论还是一种新型的理论，其理论内涵还有待于我们不断地完善和发展。

参考文献

1. Pascal Hitzler, Markus Krötzsch, Sebastian Rudolph. Foundations of Semantic Web Technologies [M]. Chapman & Hall, 2009.

2. Grigoris Antoniou, Frank van Harmelen. A Semantic Web Primer [M]. Cambridge: MIT Press, 2004.

3. David Taniar, Johanna Wenny Rahayu. Web Semantics Ontology [M]. Idea Group Publishing, 2006.

4. Gail Hodge. Systems of Knowledge Organization for Digital Libraries [M]. Published by Council on Library and Information Resources, 2000.

5. Jiang Ying, Dong Hui. Towards ontology – based Chinese e – government digital archives knowledge management [C]. In Proceedings of 12th European Conference on Research and Advanced Technology for Digital Libraries (ECDL 2008), Berlin: Springer, 2008: 13 – 24.

6. Yuxin Mao, Chaohui Wu, Wenya Tian, Xiaohong Jiang. Dynamic sub – ontology evolution for traditional Chinese medicine web ontology [J]. Journal of Biomedical Informatics, 2008 (10): 790 – 805.

7. Dong, H. , Wang, F. , Jiang, Y. , Weng, D. D. , Zeng, J. , Su, Z. J. , Gao, J. , Guo, L. F. . Study on ontology molecule theory and application [C]. In: International Conference on Informational Technology and Environmental System Science (ITESS 2008) . Beijing: Publishing House of Electronic Industry, 2008: 1206 – 1212.

8. Ok nam Park. Opening ontology design: A study of the implications of knowledge organization for ontology design [J]. Kowledge Organization, 2008 (4): 209 – 221.

9. Marcia Lei Zeng. Knowledge organization systems (KOS) [J]. Knowledge Organization, 2008 (3): 160 – 182.

10. W3C Semantic Web Activity [OL]. [2009 – 07 – 19]. http: //www. w3. org/2001/sw/.

11. Resource Description Framework (RDF) [OL]. [2009 – 07 – 19]. http: //www. w3. org/RD F/.

12. World Wide Web Consortium (W3C) [OL]. [2009 – 07 – 19]. http: //www. w3. org/.

13. OWL Working Group [OL]. [2009 – 07 – 19]. http: //www. w3. org/2007/OWL/wiki/OWL_ Working_ Group .

14. SPARQL Query Language for RDF. [2009 – 09 – 10]. http: //www. w3. org/TR/2008/ REC – rdf – sparql – query – 20080115/.

15. Semantic Web Interest Group [OL]. [2009 – 07 – 19]. http: //www. w3. org/2001/sw/interest/.

16. OWL web ontology language reference [OL]. [2009 – 02 – 10]. ht-

tp: //w ww. w3. org/TR/2004/REC – owl – ref – 20040210/.

17. OWL 2 Web Ontology Language: Profiles [OL]. [2009 – 08 – 29]. http: //www. w3. org/TR//2009/CR – owl2 – profiles – 20090611/.

18. The Knowledge Sharing Effort [OL]. [2009 – 12 – 11]. http: //www – ksl. stanford. edu/knowledge – sharing/papers/kse – overview. html.

19. Semantic Web Deployment Working Group [OL]. [2009 – 07 – 19]. http: //www. w3. org/2006/07/SWD/.

20. Rule Interchange Format (RIF) Working Group [OL]. [2009 – 07 – 19]. http: //www. w3. org/2005/rules/wiki/RIF_ Working_ Group.

21. Semantic Web Education & Outreach Interest Group [OL]. [2010 – 01 – 12]. http: //www. w3. org/2001/sw/sweo/.

22. Oracle is the #1 Relational Database [OL]. [2009 – 07 – 29]. http: //www. oracle. com/database/number – one – database. html.

23. Semantic Web Rules Language [OL]. [2010 – 01 – 12]. http: //www. w3. org/Submission/SWRL/.

24. Multimedia Semantics Incubator group [OL]. [2010 – 01 – 12]. http: //www. w3. org/2005/Incubator/mmsem/.

25. Sure Y., Erdmann M., Angele J. et al. OntoEdit: collaborative ontoloy engineering for the semantic Web [C]. Proceedings of the 1st International Semantic WebConference (ISWC2002). Berlin: Springer Press, 2002: 221 – 235.

26. Arpirez J. C., Corcho O., Femandez – Lopez M. WebODE: a scalable ontological engineering workbench [C]. Proceedings of the 1st In-

ternational Conference on Knowledge Capture (KCAP 2001). Victoria: ACM press, 2001: 6 - 13.

27. Oleksiy Khriyenko and Vagan Terziyan. A framework for context - sensitive metadata description [J]. International Journal of Metadata, Semantics and Ontologies, 2006, 1 (2): 154 - 164.

28. Kaykova O., Khriyenko O., Naumenko A., Terziyan V., Zharko A.. RSCDF: A dynamic and context - sensitive metadata description framework for industrial resources [J]. Eastern - European Journal of Enterprise Technologies, 2005, 3 (3): 1729 - 3774.

29. S. Nikitin, V. Terziyan, Y. Tsaruk, A. Zharko. Querying dynamic and context - sensitive metadata in semantic web, in: Proc. Autonomous Intelligent Systems: Agents and Data Mining: Intl. Workshop, St. Petersburg, Russia, 2005: 200 - 212.

30. NeOn Toolkit Portal [OL]. [2009 - 08 - 10]. http://neon - toolkit. org/.

31. SemanticWorks [OL]. [2009 - 08 - 10]. http://www. Altova. com/products_ SemanticWorks. html.

32. An introduction to developing plug - ins [OL]. [2009 - 08 - 10]. http://protege. stanford. edu/doc/pdk/plugins/overview. html.

33. protégé [OL]. [2009 - 12 - 11]. http://protege. stanford. edu/.

34. An introduction to developing plug - ins [OL]. [2009 - 08 - 10]. http://protege. stanford. edu/doc/pdk/plugins/overview. html.

35. What is protégé - frames? [OL]. [2009 - 08 - 10]. http://pro-

tege. stanford. edu/overview/protege – frames. html.

36. Open Knowledge Base Connectivity [OL]. [2009 – 08 – 10]. ht-tp: //www. ai. sri. com/ ~ okbc/. 37. What is protégé – owl? [OL]. [2009 –08 –10].

http: //protege. stanford. edu/overview/protege – owl. html.

38. What is lucene [OL]. [2009 –08 –22]. http: //lucene. apache. org/.

39. P. Bouquet, F. Giunchiglia, F. van Harmelen, L. Serafini, and H. Stuckenschmidt. C – owl: Contextualizing ontologies. In Proceedings of the 2nd International Semantic Web Conference (ISWC2003), Berlin: Springer, 2003: 164 – 179.

40. C. Bizer and R. Cyganiak. Ng4j – named graphs api for jena [C]. In Proceedings of 2nd European Semantic Web Conference (ESWC 2005). Heraklion, Greece.

41. Li Ding, Tim Finin, Yun Peng, Paulo Pinheiro da Silva, and Deborah L. McGuinness Tracking RDF Graph Provenance using RDF Molecules. Technical Report TR –05 –06, UMBC (2005).

42. Semantic Web Best Practices and Deployment Working Group [OL]. [2009 –07 – 19]. http: //www. w3. org/2001/sw/BestPractices/.

43. Named graph Semantic Web Interest Group [OL]. [2009 – 07 – 20]. http: //www. w3. org/2004/03/trix/.

44. John Avery, John Yearwood. DOWL: A dynamic ontology language [C]. In Proceedings of the IADIS International Conference WWW/Internet 2003, Algarve, Portugal, IADIS (2003): 985 –988.

45. A. Sigel. Towards knowledge organization with topic maps. In Proceedings of XML Europe 2000. Alexandria, VA, 2000: 603 - 611.

46. P. Plessers. An Approach to Web - based ontology evolution. PhD thesis, Vrije Universiteit Brussel, 2006.

47. Leite, J. A., Alferes, J. J., and Pereira, L. M.. Multi - dimensional dynamic knowledge representation. In Proceedings of the 6th International Conference on Logic Programming and Nonmonotonic Reasoning (LPNMR), volume 2173 of Lecture Notes in Artificial Intelligence, Heidelberg, Germany. Springer, 2001: 365 - 378.

48. Corby, Olivier, Faron - Zucker, Catherine. RDF/SPARQL design pattern for contextual metadata [C]. In Proceedings of Web Intelligence IEEE/WIC/ACM International Conference (WI 2007), New York: IEEE CS, 2007.

49. Andreas Harth, J. Umbrich, Aidan Hogan, and Stefan Decker. YARS2: A federated repository for querying graph structured data from the web [C]. In Proceedings of The 6th International Semantic Web Conference (ISWC 2007), Berlin: Springer, 2007: 211 - 224.

50. De Leenheer, P., de Moor, A., and Meersman, R.. Context dependency management in ontology engineering: A formal approach [J]. Journal on Data Semantics VIII, 2007, 43 (8): 26 - 56.

51. Jeffrey Douglas Heflin. Towards the semantic web: Knowledge representation in a dynamic, distributed environment [D]. Dissertation of Doctor Degree, University of Maryland, 2001.

52. Nikitin Sergiy, Terziyan Vagan, Tsaruk Yaroslav, Zharko Andriy. Querying dynamic and context – sensitive metadata in semantic web [C]. Proceedings of International Workshop on Autonomous Intelligent Systems: Agents and Data Mining (AIS – ADM 2005). St. Petersburg, Russia, 2005: 200 – 214.

53. F. Zablith, M. Sabou, M. D. Aquin, E. Motta. Ontology evolution with evolva [C]. Proceedings of 6th European Semantic Web Conference (ESWC 2009). Heraklion, Crete, Greece, 2009: 908 – 912.

54. Intellidimension – A Semantic Web Infrastructure Company [OL]. [2009 – 09 – 10].

55. Large Knowledge Collider [OL]. [2009 – 09 – 01]. http://www.larKC.eu/.

56. SIMILE Project [OL]. [2009 – 09 – 15]. http://simile.mit.edu/.

57. Semantic Technologies Center [OL]. [2009 – 08 – 21]. http://www.oracle.com/technology/tech/semantic_technologies/index.html.

58. Semantic Data Storage in Oracle [OL]. [2009 – 08 – 21]. http://www.semanticfocus.com/blog/entry/title/semantic – data – storage – in – oracle/.

59. RDF Support in Oracle [OL]. [2009 – 08 – 25]. http://www.oracle.com/technology/tech/semantic_technologies/pdf/semantic_tech_rdf_wp.pdf.

60. About ISKO [OL]. [2009 – 8 – 29]. http://www.ISKO.org/.

61. Simple Knowledge Organization System Primer [OL]. [2009 - 8 - 29]. http://www.w3.org/TR/2009/NOTE - skos - primer - 20090818/.

62. Simple Knowledge Organization System Reference [OL]. [2009 - 8 - 29]. http://www.w3.org/TR/2009/REC - skos - reference - 20090818/.

63. Defining N - ary Relations on the Semantic Web [OL]. [2008 - 09 - 12]. http://www.w3.org/TR/swbp - n - aryRelations/.

64. SPARQL Working Group [OL]. [2010 - 01 - 10]. http://www.w3.org/2009/sparql/wiki/Main_ Page.

65. Franz Inc [OL]. [2009 - 05 - 10]. http://www.franz.com.

66. Oracle Semantic Technologies Center [OL]. [2009 - 02 - 20]. http://www.oracle.com/technology/tech/semantic _ technologies/index.html.

67. T . Berners - Lee. Semantic Web road map. [2009 - 07 - 19]. http://www.w3.org/DesignIssues/Semantic.html.

68. Lucene 3.0.1 core API [OL]. [2009 - 08 - 22]. http://lucene.apache.org/java/3_ 0_ 1/api/core/index.html.

69. AllegroGraph [OL]. [2008 - 09 - 12]. http://agraph.franz.com/allegrograph/.

70. TouchGraph [OL]. [2007 - 08 - 19]. http://www.touchgraph.com/navigator.html.

71. The prefuse visualization toolkit [OL]. [2008 - 07 - 10]. http://prefuse.org/.

72. JfreeChart [OL]. [2008 - 08 - 10]. http: //sourceforge. net/projects/jfreechart/.

73. Grigoris Antoniou, Frank van Harmelen. A Semantic Web Primer [M]. Cambridge: MITPress, 2008.

74. Resource Description Framework (RDF) [OL]. [2009 - 07 - 19]. http: //www. w3. org/RDF/.

75. The Semantic Web Layer Cake [OL]. [2009 - 07 - 19]. http: //www. w3. org/2001/sw/layerCake. png.

76. The Protégé Ontology Editor and Knowledge Acquisition System [OL]. [2009 - 07 - 19]. http: //protege. stanford. edu/.

77. Topic Maps [OL]. [2009 - 07 - 01]. http: //www. topicmaps. org/.

78. Jiang Ying, Dong Hui. Ontology based knowledge modeling of Chinese genealogical record [C]. In Proceedings of IEEE International Workshop on Semantic Computing and Systems (WSCS 2008), Washington DC: IEEE Computer Society, 2008: 33 - 34.

79. G. Klyne and J. J. Carroll. Resource Description Framework (RDF): Concepts and Abstract Syntax [OL]. [2009 - 07 - 10]. http: //www. w3. org/TR/rdf - concepts/.

80. OpenRDF Sesame Core API [OL]. [2009 - 08 - 22]. http: //www. openrdf. org/.

81. Jena: A Semantic Web Framework for Java [OL]. [2009 - 08 - 22]. http: //jena. sourceforge. net/.

82. S. Das, E. I. Chong, G. Eadon, and J. Srinivasan. Supporting ontology – based semantic matching in RDBMS [C]. In Proceedings of the 30th International Conference on Very Large Data Bases (VLDB 2004), San Fransisco: Morgan Kaufmann Publishers Inc, 2004: 1054 – 1065.

83. H. Knublauch, R. W. Fergerson, N. Noy, and M. A. Musen. The protege OWL plugin: An ppen development environment for semantic web applications [C]. In Proceedings of Third International Semantic Web Conference (ISWC 2004), Berlin: Springer, 2004: 229 – 243.

84. Time Ontology in OWL [OL]. [2009 – 08 – 22]. http://www.w3.org/TR/owl – time/

85. Judea Pearl. Probabilistic Reasoning in Intelligent Systems: Networks of Plausible Inference [M]. San Fransisco: Morgan Kaufmann Publishers Inc, 1988: 223 – 229.

86. Obrst, Leo, Deborah Nichols. Context and Ontologies: Contextual Indexing of Ontological Expressions, Technical Report WS – 05 – 01 [R]. California: AAAI Press, 2005.

87. J. A. Leite, J. J. Alferes, and L. M. Pereira. Multi – dimensional dynamic knowledge representation [C]. In Proceedings of LPNMR2001, volume 2173 of LNAI. Springer, 2001.

88. J. J. Alferes, J. A. Leite, L. M. Pereira, H. Przymusinska, and T. Przymusinski. Dynamic updates of non – monotonic knowledge bases [J]. Journal of Logic Programming, 2000, 45 (1): 43 – 70.

89. G. Hodge. Systems of Knowledge Organization for Digital Libraries

[M]. Washington: Beyond Traditional Authority Files, Council on Library and Information Resources, 2000.

90. R. Benjamins and J. Contreras. Six Challenges for the Semantic Web [J] . Intelligent Software Components. Intelligent Software for the Networked Economy (isoco) . April, 2002.

91. Robert Neches, Richard Fikes, Tim Finin, Tom Gruber, Ramesh Patil, Ted Senator, William R. Swartout. Enabling technology for knowledge sharing [J]. AI Magazine, 1991, 12 (3): 36 –56.

92. T. R. Gruber. A translation approach to portable ontology specifications [R]. Stanford University, Tech Rep: Logic –92 –1. USA: Stanford University, 1993.

93. Borst W N. Construction of engineering ontologies for knowledge sharing and reuse [D]. PhD Thesis, Enschede: University of Twente, 1997.

94. Studer R. Benjamins V. R. , Fensel D. . Knowledge engineering, principles and methods [J]. Data and Knowledge Engineering, 1998, 25 (122): 161 –197.

95. DARPA [OL]. [2009 –12 –11]. http: //www. darpa. mil/.

96. ontolingua [OL]. [2009 –12 –11]. http: //www. ksl. stanford. edu/software/ontolingua/.

97. WebOnto [OL]. [2009 –12 –11]. http: //projects. kmi. open. ac. uk/webonto/.

98. Ontosaurus [OL]. [2009 –12 –11]. http: //www. isi. edu/isd/ontosaurus. html.

99. SENSUS [OL]. [2009 - 12 - 11]. http://www.isi.edu/natural - language/resources/sensus.html.

100. Cyc [OL]. [2009 - 12 - 11]. http://www.cyc.com/cyc/cy-crandd/overview.

101. Wordnet [OL]. [2009 - 12 - 11]. http://wordnet.princeton.edu/.

102. Onto Knowledge [OL]. [2009 - 12 - 13]. http://www.ontoknowledge.org.

103. DAML [OL]. [2009 - 12 - 13]. http://www.daml.org/about.html.

104. LOOM [OL]. [2009 - 08 - 29]. http://www.isi.edu/isd/LOOM/LOOM - HOME.html

105. OpenCyc [OL]. [2009 - 12 - 13]. http://www.opencyc.org/

106. 高志强，潘越，马力．语义 Web 原理及应用 [M]. 机械工业出版社，2009.

107. 董慧．本体与数字图书馆 [M]. 武汉：武汉大学出版社，2008.

108. 王军．数字图书馆的知识组织系统：从理论到实践 [M]. 北京：北京大学出版社，2009.

109. 马张华，黄智生．网络信息资源组织 [M]. 北京：北京大学出版社，2007.

110. 刘嘉．网络信息资源的组织：从信息组织到知识组织 [M]. 北京：北京图书馆出版社，2002.

111. 董慧，姜赢，高巾等．基于数字图书馆的本体演化和知识管理研究 I——本体分子理论 [J]. 情报学报，2009 (3)：323 - 330.

112. 董慧，姜赢，曾杰，高巾等. 基于数字图书馆的本体演化和知识管理研究Ⅲ——动态知识描述［J］. 情报学报，2009（5）：643－650.

113. 董慧，郭立帆. 本体解决数字档案馆的动态知识与相对知识中的研究［C］. 2007第五届信息资源研究研讨会论文集，2007：176－184.

114. 周义刚. 基于本体的电子政务领域数字档案知识管理系统的设计与实现［J］. 图书情报工作，2009（15）：129－132.

115. 周义刚，董慧. 电子政务领域数字档案本体的构建［J］. 图书馆情报工作，2009（19）：112－116.

116. 朱礼军，刘升平，徐涵等.RDF 入门 推荐标准：W3CHINA. ORG 开放翻译计划（OTP）［OL］.［2009－07－20］. http：//zh. transwiki. org/cn/rdfprimer. htm.

117. 刘升平，倪跃，徐涵等.OWL Web 本体语言指南：W3CHINA. ORG 开放翻译计划（OTP）［OL］.［2009－07－19］. http：//zh. transwiki. org/cn/owlguide. htm.

118. Ontology_ 互动百科［OL］. ［2009－12－11］. http：//www. hudong. com/wiki/ontology.

119. Wordnet 维基百科［OL］. ［2009－12－11］. http：//zh. wikipedia. org/wiki/WordNet.

120. 董慧，杨宁，余传明，姜赢，徐国虎，张继东. 基于本体的数字图书馆检索模型研究（Ⅰ）——体系结构解析［J］. 情报学报，2006，25（3）：269－275.

121. 韩毅. 语义网格环境下数字图书馆知识组织策略与应用研究［D］. 吉林大学博士学位论文，2008.

122. 牟冬梅. 数字图书馆知识组织语义互联策略及其应用研究［D］. 吉林大学博士学位论文，2009.

123. 周明建. 基于本体的开放式知识管理研究［D］. 浙江大学博士学位论文，2004.

124. 吴江. 基于本体的知识管理系统关键技术研究［D］. 西北大学博士学位论文，2007.

125. 程勇. 基于本体的不确定性知识管理研究［D］. 中国科学院研究生院博士学位论文，2005.

126. 姜丹. 基于本体的知识管理模型研究［D］. 西安电子科技大学硕士学位论文，2008.

127. 常艳. 基于本体的数字图书馆知识组织构建模式研究［D］. 吉林大学硕士学位论文，2008.

128. 开放源代码的全文检索引擎 Lucene［OL］. ［2009－8－10］. http：//www. lucene. com. cn/about. htm#_ Toc43005322

129. 黄智生博士谈语义网与 Web 3. 0［OL］. ［2009－07－19］. http：//www. infoq. com/cn/articles/semantic－web－and－web3/.

130. 廖良才，秦伟，舒宇. 基于本体的动态知识管理系统［J］. 计算机工程，2009，35（16）：256－261.

131. 王兰成，曾琼. 基于本体的知识检索模型及呈现技术研究［J］. 图书情报工作，2009（3）：98－100.

132. 李广建，李亚子，牟秋江，谌贻萍，郭理文. 基于情景敏感的知识库设计与自动构建［J］. 图书馆杂志，2008（2）：59－62.

133. 吴刚，唐杰，李涓子，王克宏. 细粒度语义网检索［J］. 清华大学学报（自然科学版），2005，45（9）：1865－1872.

134. 冯兰萍，朱礼军，张继国．一种基于模块化本体的知识组织方法研究［J］．现代图书情报技术，2007（12）：30－33.

135. 陈向东，余锦凤．一种基于本体的知识组织工具［J］．情报理论与实践，2006（6）：746－749.

136. 李景．主要本体构建工具比较研究（上）［J］．情报理论与实践，2006（1）：78－81.

137. 董慧，余传明等．基于本体的数字图书馆检索模型研究（Ⅲ）——历史领域资源本体构建［J］．情报学报，2006，25（5）：564－574.

138. 刘耀，穗志方，周扬等．中医药本体构建研究［J］．大学图书馆学报，2008（4）：58－62.

139. 徐力斌，刘宗田等．基于WordNet和自然语言处理技术的半自动领域本体构建［J］．计算机科学，2007（6）：219－222.

140. 王军，程煜华．基于传统知识组织资源的本体自动构建［J］．情报学报，2009（4）：1－10.

141. 李书宁．情景敏感数字图书馆服务系统用户情景的本体建模［J］．情报资料工作，2008（6）：61－65.

142. 韦于莉．知识获取研究［J］．情报杂志，2004（4）：41－43.

143. 鲍文，李冠宇．本体存储技术研究［J］．计算机技术与发展，2008（1）：146－150.

144. 曾杰．基于本体分子的中文知识库构建［D］．武汉大学硕士学位论文，2009.

145. 王一丁，王军．网络知识组织系统表示语言：SKOS［J］．大学图书馆学，2007，25（4）：30－35.

146. 吴晖，徐丹琪．我国知识组织研究述评［J］．情报杂志，2007（6）：95－97.

147. 马文峰，杜小勇．关于知识组织体系的若干理论问题［J］．中国图书馆学报，2007（2）：13－17.

148. 王兰成，熬毅，曾琼．国外知识组织技术研究的现状、实践与热点［J］．中国图书馆学报，2008（2）：93－97.

149. 王知津．从情报组织到知识组织［J］．情报学报，1998，17（3）：230－234.

150. 王知津．知识组织的研究范围及发展策略［J］．中国图书馆学报，1998（4）：3－8.

151. 王知津．知识组织的目标与任务［J］．情报理论与实践，1999（2）：65－68.

152. 蒋永福．论知识组织［J］．图书情报工作，2000（6）：5－10.

153. 蒋永福．知识组织论：图书情报学的理论基础［J］．图书馆建设，2000（4）：14－17.

154. 蒋永福，李景正．论知识组织方法［J］．中国图书馆学报，2001（1）：3－7.

155. 杜文华．本体的构建及其在数字图书馆中的应用研究［D］．武汉大学博士学位论，2005.

156. 薛春香．农史知识组织系统构建与应用研究［D］．南京农业大学博士学位论文，2003.

157. 衡中青. 地方志知识组织及内容挖掘研究 [D]. 南京农业大学博士学位论文, 2007.

158. 潘旭伟. 集成情境知识管理中几个关键技术的研究 [D]. 浙江大学博士学位论文, 2005.

159. 仇保艳, 吕祥惠, 乔鸿. 本体技术在数字图书馆中的应用 [J]. 现代电子技术, 2008 (24): 109-112.

160. 陶兰, 杨睿, 陈冲. 基于Ontology的智能检索系统框架研究与实现 [J]. 计算机工程, 2006 (11): 202-205

161. 何琳, 侯汉清, 杜慧平. 一种基于领域本体的语义检索系统的设计与实现 [J]. 图书情报工作, 2008 (8): 85-89.

后　记

论文写作之初，我雄心万丈，真正动笔之后，却每每陷入言不尽意的苦恼之中。当论文准备完稿搁笔之际，又忍不住不断推敲许多未尽研究，令我感慨万千，导师的教诲和学术的严谨让我决心在以后的工作中继续钻研和学习。

回想写作过程，让自己抛却了一些浮躁，多了一份坚持，对自我也有了一个客观的评价。经历了为某一问题而寝食难安，又因苦思冥想灵光乍现而兴奋异常，在思想碰撞中感受着不断的惊喜，谁说又不是一种至上的心灵享受呢？痛苦和惊喜共存的心理体验是一笔难得的财富，它是自我完善的一些必要历练，也算是博士期间对我人生境界的某种提升。

夜俯案头，文至后记，突然有些许紧张，因为它意味着我的博士生涯即将结束。窗外月光如水，回想2007年初秋入学，意气风发，如饥似渴地学习和积极参加各种学术活动，在导师的指导下开始网格技术、本体技术等方面的课题研究。期间，几度彷徨动摇，几度疲惫退缩，但更多的是探求真知过程中的收获和欣喜。转眼三年，满腔的激动和感激，却有万般不舍在心，竟无语凝咽。

首先，感谢我的导师董慧教授。董老师渊博的学识，严谨的治学态度，活跃的学术思想将会一直深深地影响着我和激励着我的人生不断奋进！董老师从论文选题到框架搭建，从撰写修改到最终成稿，无不倾心倾力。每逢我写作因思路枯竭而困惑、焦虑时，导师您总会在关键的节点上指点迷津，让我的写作思路一次次“柳暗花明”。我为自己有这么好的恩师而感到无比的庆幸和自豪！

我要特别感谢我们武汉大学信息管理学院全体老师，您们锐意进取，一直在为武汉大学和学院创造辉煌，也为我们学生提供了良好的求学平台，师恩难忘！马费成教授、查先进教授、邓仲华教授、陆伟教授在博士论文开题过程中，给予我许多精辟的指点，使我受益匪浅，令我感动不已。

非常感谢我的同门学友，是他们让我这三年时光倍显饱满和充盈。感谢师兄姜赢同学，在论文写作过程中，给了我很多独到的、有价值的见解。感谢王菲、张自然、俞思伟三年来对我的照顾，我从他们身上学到了很多。感谢师弟张中宁同学，对初入武大的我甚多鼓励和帮助。感谢王超同学，给我提供了许多有价值的资料。感谢一起在实验室并肩作战的学友，和你们在一起，我感到非常快乐和充实。

还要感谢2007级博士班的同窗好友，这是一个团结、温馨的集体，他们给我提供了诸多信息和便利，正是他们的帮助，我才没有掉队，和他们一起携手走到今天。

最后，我要深深地感谢我的家人。这么多年来，先生胡义芳一直守候在我的身边，拉着我的手，一起努力和进步，坚定而又温馨。感谢我心爱的女儿胡凝瑾，她的乖巧帮我节省了大量的时间，她的聪明伶俐让我学习之余忘记了诸多烦恼。感谢我父亲和公婆，他们无私的奉献伴我走过求学路上的每一步，他们的支持不可或缺。感谢我的兄嫂和妹妹小四，他们给予了我很多支持、鼓励和感动。感谢我的侄儿谐宇，在忙碌的学习之余，还要照顾和谦让妹妹。还有，还有我那亲爱的妈妈，无数次我在梦中看到您的笑容，希望妈妈您在天之灵可以感受到女儿的进步和成长，可以在天堂里为三儿自豪而开心的微笑。我深爱我的家人，是你们给了我世上最大的幸福！

但愿多年之后，当我亲爱的女儿和侄儿们翻阅这篇论文时，仍然能够从字里行间感受到一种精神，一种不断挑战自我、追求进步的精神！

周义刚